Berlin: Stadt und Geschichte

Das ist es also: das Neue Berlin. Das Berlin an der Schwelle vom zweiten zum dritten Jahrtausend. Alle Milleniums-Raketen längst wieder verglüht, alle Sektkorken weiterverarbeitet, alle Hymnen gesungen. Vollmundig ist das Netz der Attribute gewebt: größer, kostspieliger, höher, pompöser, reicher, faszinierender, heller, machtbewusster, klüger, glitzernder, schneller, witziger, unmoralischer als all die Großstädte ringsum.

Drei Metropolen würden die Alte Welt prägen: London, Paris und Berlin. Superlative sind mit Vorsicht zu konsumieren. Sie unterliegen einem nicht konkret terminierten Verfallsdatum. Unsachgemäßer Gebrauch von Großmannssucht kann zu üblen Folgen führen. Hochmut kommt vor dem Fall. Die Berliner selbst, die Eingeborenen also, die zwar zu großen Teilen gar nicht in Berlin das Licht der Welt erblickten, aber in dessen Lichterschein heran- und aus den ersten Klamotten herauswuchsen, haben sich ihr gerüttelt Maß an gesunder Skepsis bewahrt. Alt ist die Lebensweisheit: „Uns kann keener." Das ist schwer und leicht in einem zu übersetzen. Es will sagen,

Quadriga (Brandenburger Tor) in der 'Blauen Stunde' ▽

dass sich die Furcht vor der Obrigkeit ebenso in überschaubaren Grenzen hält wie der Respekt vor allem Noch-Nicht-Dagewesenen. Über die Wachstums-Geschichte der Stadt klärt in eher telegrafischer Form die Zeittafel auf den Seiten 6 und 7 auf. An dieser Stelle nur soviel: Die entscheidenden Anstöße kamen stets von draußen. Das besitzt Logik, wenn bedacht wird, dass die Lebensader zwischen der Bernsteinküste der Baltischen See und der weiten Tiefe der Ukraine ebenso durch den Siedlungsraum Berlin pulsierte wie die zwischen den Salzbergwerken des Südens und dem eisigen Nowgorod. Die Region selbst hatte wenig an Eigenem beizusteuern; nur Roggen und Eichenholz. Eisen und Bronzegerätschaft stammten aus dem Erzgebirge. Pelze, Felle, Häute kamen aus Russland. Tuche aus Flandern. Zu den Gütern, die wir verbrieft in Frachtdokumenten finden, zählen Seide, Safran, Ingwer, Pfeffer, Wein, Heringe. Die Macht der Klöster, die das Monopol auf Salz, Bier und Kalk besaßen, schwand. Die Bürger jagten die Äbte aus der Stadt. Als so richtig gottesfürchtig erwiesen sich die Berliner ohnehin nie.

Andere Kommunen im großen deutschen Sprachraum waren weit bedeutender: Köln, Augsburg, Nürnberg, Trier, Lübeck, Lüneburg, Magdeburg, Stralsund. Eine abgrundtiefe Furcht vor allem Neuen und Fremden existierte hierzulande nie. Als Friedrich IV. am 30. April 1415 vom König auf dem Konstanzer Konzil mit der Mark belehnt wurde, da nannte der biedere Burggraf von Nürnberg sich von Stund an „Kurfürst des Heiligen Römischen Reiches Deutscher Nation und Markgraf von Brandenburg". Das klang gut in den Ohren der künftigen Schutzbefohlenen. Die Stände huldigten dem Neuen am 18. Oktober gleichen Jahres und drückten ihm eine „Redlichkeitsurkunde" in die Hand. Statt einen blutigen Krieg zu führen, arrangierte man sich mit der Macht. Die Frommen vom Rhein, die Juden aus Österreich, die Böhmen, die Hugenotten: alle kamen sie, alle wurden sie integriert. Der Alte Fritz schrieb es nieder, was das Volk ohnedies dachte: Ein jeder dürfe nach seiner Façon selig werden.

Die jüngere Historie der Kapitale ist von vier Daten bestimmt. 1871, als Berlin zur Hauptstadt des Deutschen Kaiserreiches aufstieg. 1945, als Berlin als Reichshauptstadt von den Truppen der Roten Armee eingenommen wurde. 1961, als die Mauer in die Augustnacht wuchs. 1989, als Ost-Berlin und West-Berlin nach 28 Jahren der Trennung den Mauerfall erlebten.

Wer seinen kritischen Blick auf das ominöse Berlin 2000 (was auch immer dorthin reininterpretiert werden mag...) richtet, sieht eine Millionenstadt, die ohne das Berlin der Jahre 1871, 1945, 1961 und 1989 nicht denkbar ist. Das Reizwort „Bundeshauptstadt" waberte durch die Zirkel, das Menetekel einer möglicherweise unberechenbaren „Berliner Republik" machte die politische Runde durch Europas Kabinette. Bonn stand für heiter-rheinische Beschaulichkeit, für urdeutsche Tugenden wie Rechtschaffenheit, Ladenschluss um sechs und Hupverbot nach zehn.

Wofür stand, bitteschön?, Berlin?

Für Hast und Jagd, Flitter und Tand, Halbwissen und Halbwelt?

Nichts davon ist eingetreten: Der Umzug von Parlament und Regierung vollzog sich staufrei und staubfrei, der Goldrausch blieb aus, das Stühlerücken arrangierte sich geräuschlos, die Mieten klettern nicht, sondern sanken, die Politiker strandeten nicht hinter Wolfsburg, die Bundesbeamten flohen nicht am Donnerstag, sondern holten ihre Sippe erst fürs Wochenende und dann für immer nach. Die Baukosten für die Ministerien explodierten mit gebremstem Schaum. Die Normalität von Macht, die pragmatische Einschätzung von Ohnmacht prägen Regierende und Regierte. Die Schickeria küsst, die Wissenschaft grübelt, die Neider nehmen Anstoß, die Optimisten jubeln, die Nobelköche brutzeln, die Tenöre suchen das hohe C, die Pessimisten den tiefen Abgrund, die Amazonen blinzeln, die Sirenen gurren. Der Tag hat seine Träumer, die Nacht ihre Schwärmer.

Verrät dies Mittelmaß? Ist das Normalität? Beileibe nicht. An den Bühnen agieren Intendanten, die jeden Verriss wie Labsal goutieren. In den Orchestergräben dirigieren Weltstars, die

Reichstag mit Glaskuppel ▽

sich buchstäblich taktvoll den Ruhm mit Gold versüßen. In den Galerien taxieren Vordenker, die siebenstellig zu kalkulieren pflegen. Mammon und Muse sind siamesische Zwillinge. Wer Kunst und Kommerz trennen möchte, ist zu gut oder zu naiv für diese Welt des Showbusiness. Das globale Geschäft mit Genialität ist weder für ein Linsengericht noch für Appel samt Ei zu haben.

Politik in Berlin 2000 ist kein Spiel mit pädagogisch normierten Sandkästen und kein Zank um sozial abgefederte Kindertagesstättengebühren. Keine Debatte um Suppenküchen und Streusalzverunreinigung. Kommunale Würdenträger jonglieren mit Rubens und Picasso, mit dreißig Bühnen und einem Füllhorn voller Interpreten und Mimen. Mit Milliarden im Kultur-Etat. Und nicht mit Parkbänken für die Fußgängerzone.

Da ist, das muss so sein, die Arroganz der Größe mit im Spiel. Keiner fragt ernsthaft nach latenten Konflikten zwischen Stadt und Umland. Lauter Nebensächlichkeiten. Vier Millionen leben im Ballungsraum. Wer sich verdeutlicht, wie nahe nicht nur Potsdam und Frankfurt/Oder, sondern vielmehr Stettin und Prag, Polen und

▽ im Hintergrund: Potsdamer-Platz-Areal; im Vordergrund: links Philharmonie und Kammermusiksaal, rechts St.-Matthäus-Kirche

Tschechien liegen, erkennt das Essentielle, das europäische Primat an dieser Dimension, erkennt die Chancen und die Pflichten eines Umschlagplatzes für Menschen, Ideen, Kapital und Dienstleistungen. Als die Eisenbahn die Kaiserstadt Berlin vor einem Jahrhundert zu prägen anfing, und die oft genug hilflose Stadt sich wandelte von einer piefigen Residenz hin zu einer gigantische Schmiede, zu einem verrußten Moloch der industriellen Revolution, da war jenes Berlin von 1900 ein riesiger Umsteigebahnhof.

Nun, im Berlin des dritten Jahrtausends, im Fadenkreuz der Europäischen Union mit einer gemeinsamen Währung und ohne Schranken, ist es vorbei mit beißendem Ruß und biederer Piefigkeit. Hier zählen wacher Sinn und Toleranz, Mut und Kalkül, Lust zum Hasardieren und sture Beharrlichkeit. Kurzum: Hier regiert der stete Widerspruch. Und niemand wird den Berlinern sagen, wen sie notfalls fragen könnten beim Auftreten von Risiken und Nebenwirkungen. Weder Arzt noch Apotheken!

Dieses immerwährende Zerrissensein zwischen dem Gestern und Morgen, zwischen dem Laut und Leise, zwischen dem Oben und Unten, zwischen dem Gut und Böse: Det is Berlin!

Zeittafel der Stadtgeschichte

Um 50 000 v. Chr.
Im Bereich des heutigen Stadtbezirkes Neukölln, im Süden Berlins, haben Menschen gehaust. Dies bewiesen Knochenstücke, die in einer Kiesgrube gefunden wurden.
Um 9 000 v. Chr.
Am Tegeler Fließ, im Norden Berlins, existiert eine Siedlung von Jägern, die Rentiere erlegten.
Um 3 000 v. Chr.
Funde so genannter Trichterbecher beweisen im heutigen Berlin-Britz, dass Menschen sich mit gewissem Komfort häuslich niedergelassen hatten.
946
Gründung des Bistums Havelberg.
948
Gründung des Bistums Brandenburg.
1134
Der Askanier Albrecht der Bär, von Kaiser Lothar III. als Markgraf bestellt, unterwirft das Land.
1180
Gründung des Klosters Lehnin. Dessen Äbte schicken Mönche ins Umland. Sie legen Sümpfe trocken und bebauen Felder in den Niederungen an der Spree. Unter anderem auch dort, wo sich heute der Reichstag, das Bundeskanzleramt, das Brandenburger Tor, die Strasse Unter den Linden und die Friedrichstraße befinden.
1237
Cölln an der Spree wird am 28. Oktober erstmals erwähnt.
1244
Der Name von „Berlin“ taucht erstmals in einem Dokument auf. Vermutlich geht der Begriff auf Albrecht, genannt „der Bär“, zurück. Der aber besaß keinesfalls Bärenkräfte, sondern stammte aus dem Raum um Bernburg im Harz.
1251
Berlin erhält die Zollfreiheit und erlebt dadurch eine erste Wirtschaftsblüte. Tuche aus Flandern werden ebenso vermarktet wie Stockfisch und Heringe von den Seehäfen. Berliner Bier genießt einen hohen Ruf und wird nach Hamburg und Lübeck expediert. Reiche Bürger trinken Weine aus Spanien, Griechenland und Italien. Einheimischer Wein gedeiht in Berlin, an der Oder und im Umland von Guben und Cottbus.
1261
Erste Erwähnung des markgräflichen Hofes als Regierungssitz in Berlin („aula berlin“). Er lag an der heutigen Klosterstraße (Mitte).
1272
Das Gewerk der Bäcker erteilt sich seinen ersten Innungsbrief und kann damit als Keimzelle der Zünfte gelten, die mit ihren Ordnungen Recht und Gesetz, Pflichten und Sitten exakt reglementierten. Es entstand eine Form der Basisdemokratie, bei der im Mittelalter die Meister eine gesellschaftliche Säule der nichtaristokratischen Patrizier darstellten. Im Gegensatz zu den Fürstengeschlechtern waren bei den Zünften durch Talent, Ehrlichkeit und Strebsamkeit auch jenen Menschen Wege geebnet, die aus niedrigstem Stande abstammten.
1280
Die Kürschner zeigen in ihrem Zunftwappen erstmals zwei Bären, die aufrecht einander gegenüberstehen. Noch ist der brandenburgische Adler offizielles Dienstsiegel. Erst im Jahre 1338 wird der Bär, auf allen Vieren laufend, auch das Wappen der behördlichen Obrigkeit. Es blieb bis heute Berlins stolzes Wappentier.
1285
Beginn der Nutzung von Särgen aus Holz bei der Bestattung von reichen Männern. Frauen und Arme werden in Säcke eingeschlagen.
1294
Die Marienkirche wird erstmals erwähnt.
1307
Die Zunftleute aus dem „Viergewercke“ der Bäcker, Schuhmacher, Fleischer und Tuchmacher verständigen sich auf eine „unio“. Damit wird der Zusammenschluss der Orte Berlin und Cölln auch offiziell vollzogen. Der Mühlendamm, eine primitive Brücke, verbindet die beiden Stadthälften.
1411
Kaiser Sigismund setzt den Nürnberger Burggrafen Friedrich VI. aus der fränkischen Linie des Hauses Hohenzollern zum erblichen Statthalter ein. Die Hohenzollern regieren von nun an Brandenburg und dem folgend Preußen und das Deutsche Kaiserreich. Erst am 9. November 1918 endet diese Vorherrschaft mit der Abdankung von Wilhelm II., der Berlin für immer verlässt
1538
Die Neumark wird lutherisch.
1539
Die Altmark wird lutherisch.
1640
Friedrich Wilhelm, nach der Schlacht von Fehrbellin ehrend der „Große Kurfürst“ genannt, übernimmt bei Machtantritt einen maroden Staat. Als Folge des Dreißigjährigen Krieges ist die Einwohnerzahl auf weniger als 6 000 gesunken.
1647
Der Kurfürst erteilt am 16. April Befehl, von der Neuen Brücke bis zum Brandenburger Tor Linden und Nussbäume zu pflanzen. So entsteht Berlins künftige Lebensader und Flanierstraße Unter den Linden.
1685
Mit dem Edikt von Potsdam vom 8. November bietet sich Preußen als Einwanderungsland für die

glaubensverfolgten Hugenotten an. Dieser Schritt prägte die Stadtgeschichte Berlins und die Politik Preußens nachhaltig. Führende Köpfe in Handel, Handwerk, Wissenschaft und Kunst werden sesshaft. Die Bevölkerung wächst auf annähernd 30 000 Bürger an.

1701
Als Friedrich I. wird der seit 1688 regierende Kurfürst Friedrich III. in seiner Geburtsstadt Königsberg am 18. Januar zum König in Preußen gekrönt.

1704
Die Vossische Zeitung erscheint zum ersten Mal. Sie wird zum ersten bedeutenden überregionalen Blatt, das sich auch außerhalb des Staates Beachtung erwirbt. Die Zensur ist eine politische Selbstverständlichkeit, wird aber liberal gehandhabt.

1713
Amtsantritt von Friedrich Wilhelm I., der als „Soldatenkönig" das Heer in einem nie gekannten Maße reformiert und seinen Staat aufrüstet. Der französische Gesandte konstatiert ahnungsvoll: „Andere Staaten besitzen eine Armee. Preußen ist eine Armee, die einen Staat besitzt."

1721
Am Lustgarten eröffnet das erste Kaffeehaus. Es wird aus hauchdünnem chinesischen Teeservice ein „Nectarischer Caffeetrank" offeriert.

1737
Seit 1721 entstanden Unter den Linden fast tausend neue Häuser.

1740
Friedrich II. tritt als neuer Monarch mit einer Vielzahl von Reformen an. Er erlaubt eine Lotterie, die erste in Berlin, mit 20 000 Losen zu je fünf Talern. Und er hebt die Pressezensur auf.

1742
Eröffnung des Königlichen Opernhauses Unter den Linden mit Grauns „Caesar und Cleopatra" am 7. Dezember.

1744
Beginn der Bauarbeiten in Sanssouci.

1764
Giacomo Casanova kommt nach Berlin und logiert in den „Drei Lilien". In seinen Memoiren nennt der venezianische Galan den simplen Gasthof später veredelnd „Hôtel zur Stadt Paris".

1778
Johann Wolfgang von Goethe kommt nach Berlin und logiert im besten Haus am Platze, dem „Gasthause zur Sonne" Unter den Linden.

1789
Wolfgang Amadeus Mozart kommt nach Berlin und logiert im „Schwarzen Adler". Den Posten des Preußischen Hofkapellmeisters, den ihm Friedrich Wilhelm II. offeriert hat, lehnt er dankend ab.

1791
Das Brandenburger Tor, ist seit dem 6. August für jedermann freigegeben. Erst 1796 wird es von der Quadriga gekrönt. Baukosten insgesamt: 111 000 Taler.

1804
Friedrich Schiller kommt nach Berlin, logiert im „Hôtel de Russie". Es ist just die Herberge Unter den Linden, in der schon Goethe gewohnt hatte. Nur der Name war mittlerweile verändert worden.

1848
Revolution in Berlin. König Friedrich Wilhelm IV. ist in ernsthafter Gefahr, vom Thron gestoßen zu werden. Sein Bruder Wilhelm muss fliehen. Später wird er seinen geistig umnachteten Bruder als Regent ablösen (26.10.1858), danach König (2.1.1861) und schließlich in Versailles zum Kaiser gekrönt (18.1.1871).

1888
Das Drei-Kaiser-Jahr: Nach dem Tod des greisen Wilhelm I. übernimmt der vom Tode gezeichnete Sohn, Friedrich III., für 99 Tage die „Macht". Der Kehlkopfkrebs ist zu weit fortgeschritten, als dass der Kaiser dem Staat Impulse geben könnte. Bismarck verwaltet das Reich in Sorge, die Einflüsse Englands könnten zu mächtig werden. Friedrichs Frau, Kaiserin „Vicky" (die Tochter von Queen Victoria) ist nicht nur dem Eisernen Kanzler sondern auch ihrem Sohn ein steter Dorn im Auge. Wilhelm II. macht aus Preußen und Deutschland eine waffenklirrende Nation.

1914
Beginn des Ersten Weltkrieges.

1918
Abdankung des letzten Deutschen Kaisers.

1920
Groß-Berlin entsteht. Einwohnerzahl: 3,8 Millionen.

1933
Hitler ergreift die Macht. 27./28.2. Reichstagsbrand; Bücherverbrennung auf dem Opernplatz.

1936
Olympische Spiele in Berlin

1939
Der Zweite Weltkrieg beginnt.

1943
Erster schwerer Luftangriff auf Berlin.

1945
Selbstmord Hitlers und Kapitulation der deutschen Wehrmacht. Die in 4 Sektoren geteilte Stadt wird Sitz des Alliierten Kontrollrates.

1948/1949
Blockade der Westsektoren durch die Sowjets. Versorgung von zwei Millionen Menschen über eine Luftbrücke.

1961
Bau der Mauer.

1989
Die Mauer fällt.

1990
Wiedervereinigung Deutschlands.

1999
Aufnahme der Regierungsgeschäfte in Berlin.

2001
23 Stadtbezirke werden zu insgesamt 12 verschmolzen.

Blick vom Europa-Center zur Kaiser-Wilhelm-Gedächtniskirche ▷▷

Panasonic/Technics
Konica

HITACHI
FIAT
BAHNHOF ZOOLOGISCHER GARTEN
SCHLECKER
BAUHAUS
DUNLOP
REIFEN
DUNLOP

Kurfürstendamm

Charlottenburg-Wilmersdorf

Vor hundert Jahren entstand außerhalb des traditionsreichen Stadtkerns ein aufwendig-elegantes Wohn- und Geschäftsquartier: der „Neue Westen" längs des Kurfürstendamms. Der war 1550 als Trampelpfad in die Jagdgebiete angelegt worden. Bismarck hatte um 1875 die ersten Pläne, die Deutsche Bank finanzierte 25 Jahre später den Goldrausch mit Immobilien. Schnell und nachhaltig hielt der Fortschritt Einzug. Luxuswohnhäuser, Restaurants, Büros, Praxen, Konditoreien, Nachtbars, Theater und Galerien wurden Mittelpunkt für Neu, Reich und Neureich. Vor allem aber Kinos eroberten den Boulevard. Das „Marmorhaus", eröffnet 1912, ist das älteste erhalten gebliebene „Kintopp" und hat ebenso wie das „Astor" eine große Tradition. Nach Blockade und Mauerbau wurde der 'Kudamm' die Lebensader im Westteil; trotz mancher Unkenrufe blieb dieser Glanz erhalten. Heute sind die großen Modehäuser und die Edeldesigner präsent. Anziehungspunkt sind auch das **Hotel Kempinski** und das **Café Kranzler** geblieben. Es residiert im neuen Look am alten Platz.

▽ *Plastik Berlin*

Plastik Berlin

Charlottenburg-Wilmersdorf, Tauentzienstraße

Das Ehepaar Martin Matschinsky und Brigitte Denninghoff gehörte 1987 zu jenen europäischen Künstlern, die anlässlich der 750-Jahrfeier vom Senat beauftragt worden waren, eine Skulptur zu schaffen, die das Berlin des ausgehenden 20. Jahrhunderts symbolisierte. Ihr gemeinsames Werk „Berlin“ wurde zu einem der meistbeachteten, verdeutlichte es doch prägnant den Riss durch die Gemeinsamkeit. Auch heute hat die Skulptur nichts an Aktualität eingebüßt.

City

Charlottenburg-Wilmersdorf

Kurfürstendamm, Tauentzienstraße

Bahnhof Zoo · KaDeWe · Europa-Center

Die Tauentzienstraße zwischen dem Wittenbergplatz und der Kaiser-Wilhelm-Gedächtniskirche ist schon seit den Zwanziger Jahren, auch wegen des benachbarten **Bahnhofs Zoo**, der brodelnde Basar der Stadt. Die großen Einkaufstempel, bunt schillernd bis tief in die Nacht illuminiert, locken mit ihren schrillen Designer-Stücken die trendbewussten Kids ebenso an wie die gut situierten rei-

▽ *Kurfürstendamm*

Kurfürstendamm, Kranzler-Eck ▽

Bahnhof Zoo ▽

feren Jahrgänge, die eher auf noble Eleganz achten. Und die „Tauentzien“ entlangflaniert zu sein, ohne ausgiebige Rast im **KaDeWe**, dem größten Konsumtempel Europas, ist in der City undenkbar. Wo einst am anderen Ende der Meile das weltberühmte Romanische Café die stürmischen Literaten wie Brecht und Kästner lockte, wo Albert Einstein die Morgenzeitungen las und Schachgroßmeister Emanuel Lasker kettenrauchend mit berühmten Malern wie dem jungen, bettelarmen Oskar Kokoschka gegen Geld Partie um Partie spielte, steht heute das renovierte **Europa-Center**. Hier, in Sichtweite zum **Breitscheidplatz**, wohnten damals Außenminister und Kanzler Gustav Stresemann und nahebei Emil Nolde. Diese Häuser wurden im Winter 1944/1945 Opfer der Bombenangriffe. Statt der klassischen wilhelminischen Bürgerpalais prägen heute postmoderne Büropaläste die neue Skyline der City-West und bilden die kommerzielle Mitte des neuen Großbezirkes Charlottenburg-Wilmersdorf. Strahlendstes Highlight ist an der Kreuzung mit der Joachimstaler Straße der neue Glaspalast von Stararchitekt Helmut Jahn.

▽ *Europa-Center*

△ Terrassen-Café „Tiffany's“ ▽ Breitscheidplatz/Weltkugelbrunnen (1983) △ Wasseruhr

Kaiser-Wilhelm-Gedächtniskirche

Charlottenburg-Wilmersdorf, Breitscheidplatz

Zum Gedenken an den ersten deutschen Hohenzollern-Kaiser errichtete Baumeister Franz Schwechten von 1891 bis 1895 die Kaiser-Wilhelm-Gedächtniskirche im Stil der rheinischen Spätromantik mit einem 113 Meter hohen Turm. Das Gotteshaus, in dem 1899 der Theologe Albert Schweitzer als Organist debütierte, wurde durch Bomben so schwer beschädigt, dass der Senat 1956 die Ruine vollkommen schleifen lassen wollte. Doch der einmütige Sturm der Entrüstung in ganz Berlin nötigte zum Umdenken. Der Karlsruher Architektur-Professor Egon Eiermann vollendete die wagemutige Kombination aus Alt und Neu im Herbst 1963; Volkes Mund nennt das Ensemble, das unbestritten zum Nachkriegs-Symbol von Westberlin wurde, seitdem mit gewissem Respekt „Lippenstift und Puderdose.“ Sowohl die tiefblauen Glasziegel in den Neubauten als auch die kostbaren Mosaiken (einmalige Allegorien an alle deutschen Kaiser) im erhaltenen Turmstumpf wurden kürzlich restauriert und erstrahlen in stiller harmonischer Schönheit. Empfehlenswert: die sonntäglichen Orgelvespern.

▽ *Gedächtniskirche, Altar und Christuskreuz*

Gedächtniskirche ▷

Schloss Charlottenburg

Charlottenburg-Wilmersdorf
Spandauer Damm, Luisenplatz

Die zum Teil mit erbitterter Härte geführten Debatten um einen Wiederaufbau des alten Berliner Stadtschlosses am Lustgarten rücken auch den zweiten Schlosskomplex in Berlins Stadtkern in den Fokus der Diskussionen. Das Ensemble des in der Ägide von Friedrich dem Großen vollendeten Schlosses Charlottenburg (mit 505,5 Metern Gesamtlänge eines der längsten Gebäude Deutschlands) war nach einem verheerenden Fliegerangriff am 23. November 1943 ebenfalls nur wenig mehr als ein entkernter Torso. Aber nach der Sprengung des Schlosses (im Osten) besannen sich die Politiker (im Westen) ihrer Verantwortung. Sie rekonstruierten den Bau; im Wissen, dass vieles von der Originalausstattung schon im 19. Jahrhundert ausgelagert worden war. Dennoch ist das Schloss geschichtlich bedeutend. Es war, im Dorf Lietzow gelegen, zunächst von Baumeister Johann A. Nchring als Sommerresidenz für Sophie Charlotte gedacht, die Gemahlin von Kurfürst Friedrich III. Als es aber dem Hohenzollern-Fürsten 1701 gelang, die

▽ *Schloss Charlottenburg*

Königswürde zu erlangen, ließ er die Baulichkeit prunkvollst erweitern. Nicht Eosander von Göthe, der Kuppelturm, Große Orangerie und die Hofflügel beifügte, gab dem Schloss den letzten Schliff, sondern Georg W. von Knobelsdorff. Der schuf ein Meisterwerk: Neue Prunkräume kamen in den östlichen Flügel. Nach dem Tod von Friedrich dem Großen, der selten im Stadtschloss, sondern wechselweise in Sanssouci und in Charlottenburg residierte, gab dessen Neffe Friedrich Wilhelm II. bei Carl Gotthard Langhans das Kleine Schlosstheater in Auftrag. Von Langhans stammt auch das als Teehaus konzipierte Belvedere im Schlosspark. Dort ist heute die bedeutendste Sammlung Berliner Porzellane ausgestellt: mit frühen Kunstwerken von Wilhelm Caspar Wegely, dem nahezu in Vergessenheit geratenen Industriellen und Pionier der Manufaktur in Preußen (1751). Wertvoller und historisch bedeutender ist jedoch das anfangs des 18. Jahrhunderts eingerichtete Porzellan-Kabinett im Schloss: Es enthält die klassischen Blau-Weiß-Porzellane aus dem China des 17. Jahrhunderts. Nach schweren Kriegszerstörungen wurden viele Unikate bei Auktionen aufgekauft.

Porzellan-Kabinett ▽

Strasse des 17. Juni · Siegessäule

Mitte, Straße des 17. Juni, Großer Stern

Anfänglich ist die fast drei Kilometer lange Schneise ein schmaler Reitweg durch den kurfürstlichen **Tiergarten** gewesen. Nur nach und nach wurde der Pfad durch das Revier verbreitert. Bis Ende der dreißiger Jahre nach Plänen von „Führer-Architekt" Albert Speer die Achse mit ihren charakteristischen Kandelabern zu einer Art Triumphstraße der neuen Herren im Reich geriet. Nach dem Ende von Krieg und Blockade standen von einst über 200 000 Bäumen des Tiergartens nur noch knapp sieben-

◁ *Siegessäule*

hundert. Die Wiederaufforstung machten Spenden aus ganz Deutschland möglich. Zu weltweitem Ruhm kam diese Ader, durch die rund um die Uhr reger Verkehr zwischen Ost und West fließt, aber erst durch die hippige Jugend der Neunziger. Alljährlich im Juli lockt die **Love-Parade**, von Dr. Motte erdacht, als ein gigantischer Jahrmarkt mehr als eine Million von Techno-Freaks an, die zu dröhnender Musik tanzen, feiern und trinken. Ein fester Wirtschaftsfaktor, der in 24 Stunden mehr als 125 Millionen Euro an Umsatz in den Kassen klingeln lässt. Den besten Überblick über das Treiben hat fraglos die „Goldelse“ auf der **Siegessäule**. Aus siebzig Metern Höhe schaut Victoria auf das Hansaviertel und die neuen Regierungsbauten zu ihren Füßen. Die wuchtige Lady hat Schuhgröße 92, ist fast neun Meter hoch und 37 Tonnen schwer. Geschaffen von Friedrich Drake, dem dessen Tochter Margarete Modell stand. Das Denkmal erinnert mit seinen vergoldeten Kanonen an die Siege der Preußen zwischen 1864 und 1871. Von einer umlaufenden Plattform aus lohnt ein phantastischer Panaromablick den mühevollen Aufstieg.

Großer Stern, Siegessäule – Love Parade ▽

Bahnhöfe in Berlin

Rechtzeitig zur Fußball-Weltmeisterschaft 2006 wird eines der ehrgeizigsten Neubauprojekte am Regierungssitz vollendet sein: der neue multifunktionale Hauptbahnhof von Berlin, der sowohl mit seiner unterirdischen Gleishalle (fast 500 Meter lang) als auch mit seiner spielerisch leichten Glasfassade zum Symbol modernen Reisens per Schiene geraten soll. Der neue Berliner **Hauptbahnhof**, in Nachbarschaft von Reichstag und Kanzleramt, verbindet im Stundentakt Kopenhagen und Prag ebenso wie Paris und Moskau. Prognosen planen täglich 60 000 Reisende ein. Derzeit wickeln mehrere ICE- und IC- bzw. IR-Stationen den Bahnverkehr ab: **Zoologischer Garten** und **Ostbahnhof**, **Lichtenberg** und **Spandau**, **Wannsee** und (außerhalb) **Schönefeld**. Auch die S- und U-Bahnhöfe **Alexanderplatz** und **Potsdamer Platz** haben überregionale Zug-Anbindungen. Geplant ist ein Nahverkehrsnetz zwischen Dresden, Stralsund, Magdeburg und Frankfurt/Oder im 30-Minutentakt. Die Reisezeiten nach Bonn, Frankfurt/Main, Bremen oder Chemnitz sollen weniger als drei Stunden betragen.

▽ *Ostbahnhof*

▽ *U-Bahnhof Schlesisches Tor*

S-Bahnhof Hackescher Markt ▽

Reichstagsgebäude

Mitte, Platz der Republik

Paul Wallot, ein bis dahin weitgehend unbekannter Architekt aus Frankfurt, war als Sieger aus den Ausschreibungen für das neue deutsche Reichstagsgebäude hervorgegangen. Wallots Pläne wurden danach immer wieder umgestoßen, vor allem auch von Kaiser Wilhelm II. persönlich. Erst 1894 konnte das am damaligen Königsplatz gelegene Gebäude seinen Zweck erfüllen: Sitz der geheim gewählten Volksvertretung aller Deutschen zu sein. An der Portal-Inschrift „Dem Deutschen Volke" entzündete sich zudem jahrelanger Streit. Nach dem immer noch mysteriösen Reichstagsbrand vom 28. Februar 1933 und seit der schweren Zerstörung durch die Rote Armee im April 1945 verstrich noch fast ein halbes Jahrhundert, bis die Bonner Parlamentarier 1991 sehr knapp für den Umzug des Bundestages nach Berlin votierten. Erst damit hatte der Bau seine eigentliche Bestimmung zurückerhalten. In den Jahren der Westberliner Isolation war das Bauwerk zwar saniert worden und Schauplatz der Dauerausstellung „Fragen an die Deutsche Geschichte". Aber seine eigentlich vorbestimmte Rolle als Zentrum der Volksvertretung konnte und durfte wegen des Vier-Mächte-Abkommens nicht ausgefüllt werden. Weltweites Aufsehen erregte der Komplex kurioserweise erst wieder, als er im Sommer 1995 für eine Woche hinter silbrig schimmernden Stoffbahnen verschwand. Vier Millionen bestaunten das phänomenale Verhüllungs-Kunstprojekt von Christo. Den totalen Umbau (45 000 Tonnen Bauschutt wurden abgefahren; allein die Fassade blieb unangetastet) gestaltete der britische Architekt Sir Norman Forster (zum Preis von 300 Millionen Euro) mit großem Einfühlungsvermögen. Die begehbare Glaskuppel, aus der das Licht per Spiegeltechnik bis ins Plenum fällt, ist längst Touristenattraktion. Um der Politik furchtlos aufs Dach zu steigen und Berlins Neubauten aus der Vogelschau zu bewundern, nehmen täglich Tausende stundenlanges Warten in Kauf. Als besonders chic gilt natürlich auch ein Schau-Frühstück im mondänen Dachgarten-Bistro.

Reichstagsgebäude ▽

△ *Bundeskanzleramt*

▽ *Reichstagsgebäude, Lichtsäule in der Glaskuppel*

▽△ Reichstagsgebäude △ Glaskuppel ▽ Plenarsaal

Bundesbauten · Botschaften

Mit dem nach zwölfstündiger Marathon-Debatte getroffenen Umzugsbeschluss des Bundestages am 26. Juni 1991 (337:330 Stimmen für Berlin) begann im Stadtzentrum eine fast fiebrig hektische Bautätigkeit, die über Jahre einmalig in Europa war. Rund acht Jahre vergingen, bis die „Bonner" mit einer ersten Bundestags-Plenarsitzung am 19. April 1999 im „fernen" Berlin ihren verantwortungsbeladenen Job antraten. Und um dem allem noch einen ganz feierlichen Staatsakt hinzuzufügen, wählten sie kurz darauf am 23. Mai auch den neuen Bundespräsidenten, einen alten Bekannten der Bundespolitik, der sich übrigens in der Stunde der Wahrheit „Bonn oder Berlin?" als nordrhein-westfälischer Landesvater vehement für das Dauerprovisorium Bonn ausgesprochen hatte. Aber Johannes Rau als erster Mann im Staat füllte seinen Amtssitz, das Schloss Bellevue, sofort mit protokollarischem Leben, wie schon seine Vorgänger Herzog und von Weizsäcker, der als Pionier für Berlin plädiert hatte. **Schloss Bellevue**, erbaut 1785 und im 2. Weltkrieg schwer beschädigt, ist still und unverändert geblieben. Nur das **Bundespräsidialamt („Präsidenten-Ei")**, der Verwaltungskom-

▽ *Innenministerium an der Spree*

▽ *Schloss Bellevue*

plex verrät Handschrift und Notwendigkeiten des neuen Regierens in der „Berliner Republik". Diese ovale Haus war auch der Premierenbau beim Neugestalten des Regierungssitzes. Unterdessen sind die meisten Projekte, die damals vielen wie kühne Phantasterei anmuteten, vollendet und bezogen. Allein die Bundesregierung brachte 38 Kilometer Akten und 120 000 Büromöbel mit. Fast jeder im Land hat sein neues Dach über dem Kopf. Die SPD bezog ihren Neubau vor der CDU: Bei beiden dominiert viel Glas als Symbol der Transparenz. Dazu gehören der Neubau des **Innenministeriums** ebenso wie der des **Bundeskanzleramtes**, des **Bundespresseamtes** oder die Erweiterung des **Auswärtigen Amtes**. Das immer noch größte Bürogebäude Berlins, das einstige Reichsluftfahrtministerium von Ernst Sagebiel (er baute auch den Flughafen Tempelhof) an der Wilhelmstraße, ist mit seinen 2 000 Zimmern das **Domizil des Bundesfinanzministers**. Es wurde rekonstruiert, so wie die Ministeriumskomplexe für die Ressorts von Justiz, Wirtschaft oder Verkehr. Der **Bundesrat** zog ins ehemalige Preußische Herrenhaus. Dieses Palais an der Wilhelmstraße gilt manchen Experten als eine der gelungensten Lösungen, Symbiosen aus Wilhel-

Jungfernbrücke (letzte Zugbrücke), dahinter Auswärtiges Amt ▽

minischer Epoche und dem Dritten Jahrtausend klarzulegen. Die Botschaften, die mittlerweile fast ausnahmslos von Bonn nach Berlin übergesiedelt sind, prägen hingegen meist mit Neubauten das Weichbild der Mitte. Visionen ins Morgen zeichnen vor allem die Standorte der fünf **Nordischen Botschaften**, der benachbarten **Mexikaner**, der **Österreicher** und der **Briten**, die wie früher auch unmittelbare Nachbarn vom Hotel Adlon sind, aus. **Italien** und **Japan**, **Ungarn**, die **Schweiz** sowie **Russland** und **Spanien** nutzen hingegen ihre ehemaligen Gesandtschaften, die aber gründlich renoviert wurden. **Frankreich** residiert in neuer, fast futuristischer Hülle am angestammten traditionsverhafteten Ort, dem Pariser Platz. Um die Gesandtschaft der **USA** auf der anderen Platzseite gab und gibt es noch etliches an Gerangel. Zu den bemerkenswerten Solitären der Hauptstadt-Neuplanung zählen der „News-Palast" der **Bundespressekonferenz** mit seiner faszinierenden Lichtgestaltung in den Fensterfronten, das gemeinsame **ARD-Hauptstadtstudio** von SFB und WDR („Bericht aus Berlin") sowie die **„Moabiter Schlange"** am Spreeufer. Hier wohnt die Parlamentsprominenz nobel und preiswert.

▽ *Bundespressekonferenz*

▽ *Russische Botschaft*

△ Quadriga, Brandenburger Tor

Hotel Adlon, Pariser Platz ▽

Brandenburger Tor

Mitte, Pariser Platz

Ein nationales Symbol, fraglos das bedeutendste Profanbauwerk des Staates: auf allen deutschen Euro-Münzen Schmuck der Rückseite. So ist das Brandenburger Tor nicht allein der einzige noch vollständig erhaltene Torbau der Hauptstadt (zu Napoleons Zeiten war Berlin von 13 Portalen verschlossen) sondern auch mehr als nur die schmückende Pforte zu der Prachtstraße Unter den Linden. Carl G. Langhans baute nach dem Vorbild der Propyläen auf der Akropolis ein klassizistisches Ensemble. Vollendet wurde es 1791. Die Quadriga als Krönung des Portals mit seinen dorischen Säulen ist zwar ein klarer stilistischer Fehlgriff, weil dies römischer Baukunst entsprang. Dennoch wurde die Göttin Victoria, die ihre vier Rosse mit dem Streitwagen siegreich heimwärts führt, weltberühmt. Weib und Rosse sind freilich Nachkriegsmodelle. Denn von der Original-Quadriga, entworfen von Johann Schadow und gebaut von Kupferschmied Friedrich Jury, existiert nur noch ein museal gehüteter Pferdekopf. Der „Rest“ verglühte im Mai 1945 oder wanderte als Buntmetall in die Schmelzöfen.

▽ *Brandenburger Tor*

Unter den Linden

Mitte

Auf dem **Pariser Platz**, dem teuersten Immobilen-Pflaster Deutschlands (bei dem ein Stück Land in der Größe eines Bierdeckels mehr als 125 Euro kosten würde!), beginnt das alte königlich-preußische Berlin. Zum (1950 gesprengten) Stadtschloss hin führte eine Allee, die der Große Kurfürst durch einen Befehl vom 16. April 1647 pflanzen ließ. Mit einer Baumreihe aus je tausend Linden und Nussbäumen musste Gärtner Michael Hanff eine Achse zwischen Brandenburger Tor und Schloss verschönern. Der offizielle Name: „Gallerie". Aber die Nussbäume welkten, die Linden wuchsen. So nannten die Berliner die neue Schneise bald nur „Unter den Linden". 1824 wurde der erste Briefkasten installiert. Mit der Reichsgründung von 1871 verschwanden allmählich die barocken Bürgerpalais; moderne Geschäftshäuser mit Banken und Hotels (darunter seit 1907 das **Adlon** – 1997 wieder eröffnet) rückten an deren Stelle. Berühmt waren damals die Restaurants Dressler und Hiller. Heute sind die Linden weitgehend Ess- und Automeile. Ein Ruhepol ist als grüne Oase der Innenhof der **Staatsbibliothek**.

Reiterdenkmal Friedrichs des Grossen

Mitte, Unter den Linden

An seinem, angestammten Platz wacht Preußenkönig Friedrich II. wieder über das Geschehen Unter den Linden: aus rund 14 Metern Höhe blicken die Augen des Alten Fritz unterm Dreispitz. Das Denkmal von Christian D. Rauch zeigt den Monarchen auf dessen Lieblingspferd „Condé". Die DDR-Vordenker wollten das beschädigte Monument einschmelzen lassen, setzten es aber dann eher zögerlich (und an falschem Ort) vor die Universität. Nach der Wende wurde es renoviert und korrekt platziert.

Humboldt-Universität

Mitte, Unter den Linden 6

Als „Forum Fridericianum" ließ Friedrich der Große das Stadtquartier westlich vom Schloss in harmonischer Architektur neu ordnen. Dazu gehörte als Ergänzung zum Zeughaus auch das Palais für seinen Bruder, Prinz Heinrich (1726 bis 1802). Es wurde von dem Holländer J. Boumann d. Ä. gestaltet, fügte sich aber in den Generalplan, den G. W. von Knobelsdorff für den König entworfen hatte, genial ein. Baubeginn war 1748, fertig gestellt wurde der Komplex erst 1766. Damals war das Palais neben dem al-

▽ *Reiterdenkmal Friedrichs des Großen*

ten Stadtschloss das zweitgrößte Gebäude der Hauptstadt. Nach dem Tod des Hausherren verwaiste das Anwesen zunächst. Die ersten Dekane der neugegründeten Berliner Universität, Fichte, Hufeland, Schleiermacher und Biener, konnten den Lehrbetrieb am 6. Oktober 1810 aufnehmen. Sechs Studenten wurden immatrikuliert. In diesem Haus erdachte Max Planck im Sommer 1900 das Fundament seiner die Physik verändernden Quantentheorie. Zu den Dozenten gehörten Humboldt, Virchow, Koch, Hahn, Sauerbruch und Einstein, zu den Studenten Heine, Marx, Engels und Liebknecht.

Alte Bibliothek – „Kommode“

Mitte, Unter den Linden/Bebelplatz

In Anlehnung an das Architekturideal eines Fischer von Erlach, der die Wiener Hofburg gestaltete, bietet sich als Pendant zur Staatsoper Unter den Linden der Bau der Königlichen Bibliothek, den die Berliner sofort respektlos „Kommode“ nannten. Hier vertieften sich die Brüder Grimm, Hegel, Schopenhauer, Ranke, Mommsen und Lenin in dicke Folianten. Am 10. Mai 1933 fand vor dem Haus die berüchtigte Bücherverbrennung statt; ein eindrucksvoll-bescheidenes Mahnmal erinnert daran.

▽ Deutsche Staatsbibliothek

Humboldt-Universität ▽

Alte Bibliothek („Kommode“) ▽

Kronprinzenpalais

Mitte, Unter den Linden 3

Trotz Zerstörung in den letzten Kriegstagen bildet das Kronprinzenpalais einen markanten Fixpunkt am Ende der Linden. Die DDR-Planer ließen das Haus wiederherstellen und installierten dort einen noblen Gästetrakt für ihre Staatsgäste, zu denen Egon Bahr anlässlich der Verhandlungen von 1973 über das Transitabkommen zählte. Auch der Einigungsvertrag zwischen DDR und BRD wurde hier 1990 signiert. Heute domiziliert im Palais eine Außenstelle des Deutschen Historischen Museums.

Prinzessinnen-Palais

Mitte, Unter den Linden

Die Töchter der preußischen Könige wurden hier (von ihrem 13. Lebensjahr an) zu Gottesfurcht und keuscher Bescheidenheit erzogen und von ihren Brüdern getrennt. Durch einen Bogen ist das Kronprinzenpalais mit dem Prinzessinnen-Palais verbunden. Auch hier hatten die Kriegsfolgen nur Ruinenstummel hinterlassen. Nach dem Wiederaufbau in den sechziger Jahren zog eine Konditorei in die Räume. Heute dient das Café-Restaurant mit seinem Garten als wichtige Klatschbörse der Flaneure.

▽ *Kronprinzenpalais*

▽ *Prinzessinnen-Palais (Opernpalais)*

Neue Wache

Mitte, Unter den Linden 4

Der letzte Häftling, der auf der Neuen Wache einsaß und bewacht wurde, war der Bürgermeister von Köpenick, den der Schuster Wilhelm Voigt am 16. Oktober 1906 als falscher Hauptmann unsterblich gemacht hat. Der Bau von Schinkel (1816 bis 1818) ist mehrfach im Inneren umgestaltet worden. Die Kollwitz-Plastik der trauernden Mutter, in der Amtszeit von Kanzler Helmut Kohl gegen manche Widerstände durchgesetzt, gemahnt eindringlich an die Folgen von Vertreibung und Krieg.

St.-Hedwigs-Kathedrale

Mitte, Bebelplatz

Friedrich der Große beauftrage Knobelsdorff mit dem Entwurf für eine katholische Bischofskirche; J. Boumann d. Ä. vollendete den Sakralbau, der zwischen 1747 und 1773 entstand und 1943 ausbrannte. Der auf tolerantes Miteinander streng bedachte König (in seinem Herzen überzeugter Atheist ...) wollte nach Eroberung des katholischen Schlesien seinen neuen Untertanen im protestantischen Berlin ein würdiges Gotteshaus schaffen. Heute ist der Dom zu St. Hedwig Kardinalskirche.

▽ *Neue Wache*

St.-Hedwigs-Kathedrale ▽

Gendarmenmarkt, Schauspielhaus (heute Konzerthaus) und Französischer Dom ▽

Gendarmenmarkt

Mitte

Der schönste Platz Europas. So wird der Gendarmenmarkt unterdessen wieder von vielen apostrophiert. Nach der Fertigstellung der Randbebauung bietet sich das Ensemble von Schinkels **Schauspielhaus (heute Konzerthaus)** mit seiner prachtvollen Freitreppe und den beiden flankierenden Domen (links der Deutsche, rechts der Französische) als ein freundliches, fast heiter-verspieltes Wohnzimmer. Die vielen Bistros ringsum werden zum Anlaufpunkt für 'Gesehenwerdenwollender'.

Deutscher und Französischer Dom

Mitte, Gendarmenmarkt

Sprachlich irreführend. Denn Bischofssitze sind die beiden kleinen Kirchen hinter den baugleichen Türmen nicht. Aber der französische Begriff für Kuppel, „dôme", bewirkte diesen dauerhaften Irrglauben. Tatsächlich sind in den Türmen zwei sehenswerte Ausstellungen etabliert. **„Fragen an die deutsche Geschichte"** (Deutscher Dom) und das **Hugenotten-Museum** (Französischer Dom). Das weiße **Schiller-Denkmal** schlummerte in einem Depot, ehe es hier als Versatzstück seinen Platz fand.

▽ *Deutscher und Französischer Dom*

Friedrichstrasse

Mitte

Von Friedrich I., dem ersten König in Preußen konzipiert, als Querstraße zu den Linden. Majestät sorgten dafür, dass die vertikale Achse, exakt in Nord-Süd-Flucht verlaufend, auch seinen Namen bekam. Mit dem Bau der Bahn wurde die Gegend zu einer der belebtesten in Berlin. Der **Bahnhof Friedrichstraße** (eröffnet 1882 mit einem eigenen Wartesaal für den Kaiser) wurde zum Brennpunkt der langen, unmoralischen Nächte. Der Wintergarten, in dem es die weltweit erste Kinovorführung zu bestaunen gab, war zeitweilig Deutschlands gewaltigster Unterhaltungspalast. Heute ist nach langen Jahren des erzwungenen Dornröschenschlafs die aufgepeppte Aorta zwischen den neuen Groß-Bezirken Mitte und Kreuzberg-Friedrichshain voller Leben und Eleganz. Vor allem die drei im Untergeschoss miteinander verbundenen Neubaublöcke westlich vom Gendarmenmarkt mit den Designer-Boutiquen, dem **Quartier 206** und den **Galéries Lafayette** zählen zu den feinsten Shopping-Meilen, die ganz bewusst vor allem dem Kurfürstendamm Konkurrenz machen wollen.

Writer's Block, Friedrichstraße/Ecke Schützenstraße △

▽ Galéries Lafayette

△ U-Bahnhof Französische Straße und Grand-Hotel ▽ Quartier 206 (innen) △ Quartier 206 ▽ U-Bahnhof Stadtmitte

Checkpoint Charlie

Friedrichshain-Kreuzberg, Friedrichstraße 43–44

Nur wenig erinnert heute noch an einen Nabel des Kalten Krieges. Eine (rekonstruierte) Baracke der Westmächte und ein Großfoto mitten auf der Fahrbahn. Doch hier, am Ausländerkontrollpunkt nach Ost-Berlin, prallten die Konflikte sichtbarer als sonst aufeinander. Legende wurden die 72 brandgefährlichen Stunden, als im November 1961 US-Panzer mit laufenden Motoren am weißen Strich der Demarkationslinie den schussbereiten Tanks der Roten Armee Furcht erregend gegenüberstanden.

Haus am Checkpoint Charlie

Friedrichshain-Kreuzberg, Friedrichstraße 44

Keine Erfindungsgabe war unvorstellbar, der Phantasie ließen sich nirgendwo Grenzen stecken. Wenn es darum ging, der Unterjochung des Kommunismus zu entkommen und heimlich das Weite zu suchen, dann wurden DDR-Bürger trotz Todesgefahr erfinderisch. So sind dann die kuriosesten Utensilien mechanische Zeugen von Fluchten, meist gelungenen. Aber auch die Konflikte dahinter schildert das weltweit einmalige Museum direkt am Kontrollpunkt mit eindringlicher Schärfe.

Checkpoint Charlie ▽

▽ *Bethlehemkirchplatz mit Plastik*

Mauermuseum am Checkpoint Charlie ▽

Berliner Mauer

East-Side-Gallery, *Mühlenstraße*

Gebaut in der Nacht von 12. auf den 13. August 1961. Kein Geheimdienst hatte etwas von den generalstabsmäßig-perfekten Vorbereitungen mitbekommen... Zunächst nur ein Verhau aus Stacheldraht und Betonplatten, dann eine massive und hohe Mauer aus Tuffsteinen und Betonarmierungen. So begann die bauliche Geschichte der Berliner Mauer, die 28 Jahre lang die Stadt in zwei Stücke riss und an deren Grenze immer wieder Salven knallten, die Menschen töteten. Die DDR nannte das Schreckensgebilde lakonisch „Antifaschistischen Schutzwall" und perfektionierte mit Sperrzonen und glatten Flächen die Perfidie! Während auf der Westseite Aussichtsplattformen wuchsen, die Touristenbusse Halt machten, Ansichtskarten-Kioske florierten und Künstler den Beton mit Graffiti verfremdeten, herrschte auf der Ost-Seite ein System an Vorkontrollen, die ein Überklettern zum tödlichen Risiko werden ließen. Heute ist die Mauer, die rund 40 Kilometer lang war, nur noch an ganz wenigen Stellen fragmentarisch erhalten wie beispielsweise an der **East-Side-Gallery.**

▽ *East-Side-Gallery*

▽ *East-Side-Gallery*

Mauerabbruch 1989 △

Einziger verbliebener Wachturm an der ehem. Genze (Rückseite Marlene-Dietrich-Straße) ▽

Potsdamer Platz

Mitte

Hier fuhr vor mehr als 150 Jahren die erste Eisenbahn von Berliner Gebiet ab, hinaus nach Potsdam. Das gab dem Potsdamer Bahnhof (der mehrfach vergrößert werden musste) und später auch dem Potsdamer Platz seinen Namen. In den zwanziger Jahren wuchsen Potsdamer Platz und der benachbarte Leipziger Platz zu einem der verkehrsreichsten Knotenpunkte Europas zusammen. Hier stand das Haus Vaterland, hier lockten die Tanztempel, Bierpaläste und die Weinhäuser. Der Andrang war so gewaltig, dass die insgesamt 31 Straßenbahn- und Buslinien, die sich hier sternförmig trafen, durch eine Ampelschaltung präzise gelenkt und sicher gelotst werden mussten! So etwas hatte es bis dahin nur in Amerika gegeben. Die exakte Nachbildung dieser ersten Verkehrsampel steht noch immer an ihrem ursprünglichen Ort. Da sich unweit von hier die Reichskanzlei mit dem unterirdischen Führerbunker befand, wurde die Gegend bei Kriegsende durch Bomben dem Erdboden gleichgemacht. Fast fünf Jahrzehnte lag sie in einem tristen Niemandsland. Keiner hätte prophezeien wollen, dass zehn Jahre nach

▽ *Potsdamer Platz mit Sony-Center*

der Wiedervereinigung hier zeitweise die weltweit pulsierendste Baustelle liegen sollte, auf der an jedem Tag 2,5 Millionen Euro verbaut und verbuddelt wurden. Insgesamt verschlang der Komplex (ohne die Aufwendungen der Bahn) bislang mehr als fünf Milliarden Euro. Nach Fertigstellung des **debis-Komplexes**, zu dem das **Hyatt-Hotel** und das **IMAX-Kino** gehören, wuchs neben der neuen Berliner **Spielbank** das **Sony-Center** in den Himmel. In dem futuristischen Glaspalast hat die Deutsche Bahn AG ihre Konzernzentrale. Anlässlich der Berlinale werden hier die begehrten Filmpreise, die „Goldenen und Silbernen Bären", überreicht. Die elegante Ladenpassage mit drei Ebenen gehört längst zu den umsatzträchtigsten Einkaufsmeilen in Europa. Die Prognose, dass der Regional-Bahnhof Potsdamer Platz täglich von einer Million Menschen frequentiert werden soll, ist keine kühne Utopie von Fantasten. Ladenschlusszeiten sind hier ein Fremdwort, das Leben pulsiert bis in die Nacht. Als Relikt erhalten: das **Weinhaus Huth**. Sehenswert auch die Fragmente aus dem alten Hotel Esplanade: der Kaisersaal und die Cocktailbar mit ihren Gips- und Stuckverzierungen.

△ *Daimler-Areal am Potsdamer Platz • Debis-Hochhaus und Zentrale Berliner Volksbank* ▽ *Marlene-Dietrich-Platz, Daimler-Areal*

△ Sony-Center (innen)

Potsdamer-Platz-Arkaden ▽

Schlossbrücke

Mitte, Karl-Liebknecht-Straße

Durch einen mächtigen Graben waren Monarch und Untertanen separiert. Die Brücke über das Wasser hieß Hundebrücke und offenbarte die Geringschätzung der Baulichkeit. Erst Schinkel sorgte für Noblesse in der Gestaltung und entwarf 1822 die Schlossbrücke. Die acht Göttinnen aus weißem Carrara-Marmor, die getötete junge Krieger zum Olymp tragen, erinnern an die Freiheitskriege gegen Napoleon. Die Statuten lagerten lange im Westen, wurden aber zur 750-Jahrfeier großherzig zurückgegeben.

Berliner Dom △ Portal Altar ▷

▽ *Schlossbrücke mit Berliner Dom*

Berliner Dom

Mitte, Am Lustgarten

Östlich des Lustgartens, der zunächst das Küchen- und Kräuterbeet des kurfürstlichen Schlosses gewesen ist, stand eine klassizistische Kirche von C. F. Schinkel, die sich harmonisch in die Stadtlandschaft fügte. Aber Kaiser Wilhelm II. war von der Idee besessen, aus Berlin eine Kunststadt zu formen, die Paris und Rom überträfe. In seinen konkreten Vorstellungen hatte der bestehende Sakralbau keine Bedeutung und Berechtigung. So entstand nach dem Abbruch „als Antwort des protestantischen Preußen auf das katholische Rom" der Berliner Dom. Eine architektonisch nicht unumstrittene Lösung mit diversen Versatzstücken aus Barock und Renaissance. Gebaut von J. C. Raschdorff seit 1894; 1905 vollendet. Als Hof- und Grabeskirche bot sie mehr als 2 000 Gläubigen Platz. Schauplatz des berühmten Neujahrsgottesdienstes, an dem Kaiser und Familie aus Tradition teilnahmen. Trotz Kriegsschäden wurde die Ruine gesichert. Heute ist die Gruft begehbar, die historisch getreue Sanierung im Inneren mit schönen Mosaiken ist weitgehend abgeschlossen. Sehr gute Akustik für Konzerte und Oratorien.

◁ *Orgel*

Berliner Dom ▽

MUSEUMSINSEL
Altes Museum · Neues Museum
Alte Nationalgalerie
Bode-Museum · Pergamonmuseum

Zwischen Spree und Kupfergraben

Als UNESCO-Weltkulturerbe birgt die Berliner Museumsinsel hinter dem Lustgarten eine solche Fülle von weltweit einmaligen Kleinodien, dass ein Besuch mehrere Tage in Anspruch nehmen würde, um alles genauer in Augenschein nehmen zu können. Dank eines millionenschweren über Jahre garantierten Zuschusses aus Bundesmitteln ist die **Stiftung Preußischer Kulturbesitz** als Hausherrin in der Lage, die im Krieg schwer in Mitleidenschaft gezogenen, teilweise von den Siegermächten geplünderten und in der Nachkriegszeit lange Jahre vernachlässigten Gebäude und Schätze zu rekonstruieren und zu restaurieren. Die Teilung der Stadt nach 1948, der Mauerbau von 1961 hatten die Lage noch zusätzlich kompliziert und für teilweise unerfüllbare Forderungen der einen Seite an die jeweils andere geführt. Mit der Wiedervereinigung wurde nach Konzepten gesucht, die einmalige Chance des Neubeginns nicht unklug zu verspielen. Die

▽ *Pergamonmuseum, Pergamonaltar*

▽ *Bode-Museum*

Museumsinsel als Gesamtkomplex umfasst sowohl die Wurzeln der Antike als auch Exponate aus dem neunzehnten Jahrhundert. Die Ursprünge gehen auf König Friedrich Wilhelm III. und dessen sehr kunstsachverständigen Sohn Friedrich Wilhelm IV. zurück. Beide verstanden sich ausdrücklich nicht allein als durch das Gottesgnadentum berufene absolute Herren im Staat, sondern auch als dessen erste Diener. Nach dem Ende der Befreiungskriege und der Entmachtung Napoleons galt es, die Hauptstadt zum Hort des Schönen zu formen und das heranwachsende Bildungsbürgertum dem Geiste der hellenistischen und römischen Klassik zu verpflichten. 1824 wurde auf dem planierten Sumpf zwischen Spree und Kupfergraben mit dem Kernbau, dem **Alten Museum** begonnen. Vor dem Schinkelbau mit 18 ionischen Säulen liegt seit 1829 die 80 Tonnen schwere Granitschale von C. C. Cantian. An Berlins ältesten Museumskomplex, den drittältesten in Deutschland überhaupt, reihten sich im „der Kunst und der Alterthumswissenschaft geweihten Bezirke" das **Neue Museum** (vollendet 1855) und die **Alte Nationalgalerie** (von 1875). In der Ägide von Wilhelm II. folgten das Kaiser-Friedrich-

Pergamonmuseum ▽

Museum, das heute **Bode-Museum** heißt, und das **Pergamonmuseum** (erbaut von A. Messel mit gewollten Anlehnungen an das dorisch inspirierte Brandenburger Tor, Beginn 1909); erst 1930 fertig gestellt. Wilhelm Bode, geboren 1845 und nicht nur der führende Museumspionier im Kaiserreich, sondern auch Generaldirektor aller Preußischen Museen (seit1872), erlebte diese Vollendung nicht mehr. Der 1902 aus Kleinasien nach Berlin überführte Steinaltar ist eines der herausragendsten Kunstwerke in Europa und gilt als Weltwunder der Antike. Um 170 vor Christus geschaffen: eine prunkvolle Weihestätte für Zeus und Athene. Nach der Vollendung aller Bauarbeiten (für 2008 prognostiziert) werden hier (grob formuliert) Kunstwerke der vorchristlichen und ersten beiden nachchristlichen Jahrtausende im Fokus stehen, während die Moderne vornehmlich nach Dahlem und zum Kulturforum wandern soll. Diese Neuordnung der Sammlungen wird es mit sich bringen, dass Berlins berühmtester Kunstschatz, die Büste von Königin Nofretete, aus der bisher in Charlottenburg vis-à-vis des Schlosses präsentierten Ägypten-Kollektion auf die Museumsinsel kommt.

▽ *Altes Museum*

▽ *Alte Nationalgalerie*

Museen

Über alle zwölf Bezirke verstreut findet sich in der Hauptstadt eine tatsächlich unüberschaubare Palette von Museen und Sammlungen aller Art, die von dem -zigmillionen teuren Ensemble bis hin zum abstrusen Schaustück reicht. Dennoch lohnt es, auf Spuren- und Schatzsuche zu gehen. In der östlichen Gardekaserne der Palastwache gegenüber vom Schloss Charlottenburg befindet sich das **Ägyptische Museum**. Im ehemaligen Königlichen Marstall werden aus der Sammlung der Staatlichen Museen Preußischer Kulturbesitz weit über tausend zum Teil unschätzbar wertvolle Exponate aus dem Ägypten der Epochen zwischen 5000 vor Christus bis 300 nach Christus gezeigt. Darunter auch die Nofretete. Gegenüber findet der Liebhaber der Moderne eine der umfangreichsten Sammlungen mit dem faszinierenden Opus von Picasso. Der Kunstmäzen Heinz Berggruen ist Spiritus rector der **Sammlung Berggruen** und überließ seine in den Pariser Jahren von 1935 begonnene Kollektion dem Senat zu einem Freundschaftspreis von 100 Millionen Euro, der in zehn Raten bezahlt werden darf. Dahinter residiert das **Bröhan-Museum**, das sich auf Ge-

Kulturforum mit Kunstgewerbemuseum ▽

Museum für Gegenwart, ehem. Hamburger Bahnhof ▽

brauchs- und Schaukunst des Alltags im späten neunzehnten und zwanzigsten Jahrhundert konzentriert und Jugendstil, Art Déco sowie die Sezession pflegt. Die Sammlung der Moderne von Erich Marx im **Museum für Gegenwart Berlin**, dem ehemaligen Hamburger Bahnhof, fußt ebenso auf dem Engagement eines Privatsammlers. In das zunächst als Asiatisches Museum konzipierte Haus in Dahlem zog nach dem Krieg die **Gemäldegalerie.** In Zukunft werden in Dahlem vor allem die Volkskunst Europas und ferner Kontinente sowie das **Geheime Staatsarchiv** Anziehungspunkte sein. In Dahlem liegt das **Brücke-Museum** mit Gemälden von Heckel, Nolde, Pechstein u.a. Die **Neue Nationalgalerie** von Mies van der Rohe an der Potsdamer Straße präsentiert Leihgaben in weltweit rezensierten Sonderschauen. Das **Kunstgewerbemuseum** im **Kulturforum** mit **Gemäldegalerie**, **Kupferstichkabinett**, **Kunstbibliothek** und dem nahe der Philharmonie platzierten **Musikinstrumentenmuseum** prägen das Umfeld des Potsdamer Platzes, auf dem im Sony-Komplex das **Filmmuseum** mit dem kompletten Nachlass von Marlene Dietrich ein neues Highlight lockt. Technik-Jünger sind fas-

▽ *Ägyptisches Museum, Nofretete um 1350 v. Chr.*

ziniert von den Sammlungen im **Deutschen Technikmuseum**, dem **Luftwaffenmuseum** und dem **Museum für Post und Kommunikation**. Politische Exponate lagern im **Deutschen Historischen Museum** (**Zeughaus** – bedeutendster Barockbau Berlins), im **AlliiertenMuseum** und im **Museum Berlin-Karlshorst**. Das Dahlemer AlliiertenMuseum zeigt seine Dokumentarstücke aus den Monaten der Blockade und Luftbrücke (1948/1949) im „Outpost" (Außenposten), einem Kino, das nur US-Militärs zugänglich gewesen ist. Auf dem Freigelände parkt ein Offizierswaggon der französischen Streitkräfte und ein Transportflugzeug der RAF, ein so genannter Rosinenbomber. Im Gebäude des Museums Berlin-Karlshorst signierten drei Wehrmachtsoffiziere am 8. Mai 1945 vor den vier Siegermächten die bedingungslose Kapitulation. Dies war zugleich das Ende des Zweiten Weltkrieges auf europäischem Boden. Fundgruben für Experten: **Bauhausarchiv**, **Museum der Dinge**, **Gedenkstätte Deutscher Widerstand**, **Topographie des Terrors** und **Feuerwehrmuseum**. Eher schrullig: **Zuckermuseum**, **Biermuseum**, **Medizinhistorisches Museum**. Und natürlich auch: das **Erotikmuseum** von Beate Uhse.

Sammlung Berggruen ▽

Deutsches Historisches Museum, ehem. Zeughaus ▽

Theater und Bühnen

Rund eine halbe Million Menschen besuchen alljährlich die Revuen im **Friedrichstadtpalast**; annähernd 300 000 Besucher zählt im gleichen Zeitraum die **Deutsche Oper Berlin**. Ob leicht geschürzte Tänzerinnen oder epochale Musik aus dem Orchestergraben: der Bühnenbegeisterung der Berliner und ihrer Gäste sind nirgendwo Schranken gesetzt. Grob addiert sind es zehntausend Vorstellungen in zwölf Monaten, annähernd drei Millionen Billetts werden dafür verkauft. Zwar kehrt die Debatte um die Höhe der Subventionen (die längst in die Milliarden gehen!) mit der Regelmäßigkeit der Jahreszeiten auf die Terminkalender der Politik und in die Kolumnen der Tagespresse zurück. Aber zweifelsfrei bleibt unter dem Strich für Stadt und Staat etwas Entscheidendes übrig. Ein kulturelles Angebot, das es von Qualität und Quantität her nirgendwo sonst in Deutschland gibt, eine Streuung der Kunstformen, die sich weder vor London oder New York zu verstecken hätte. Kultur ist ein wichtiger Faktor im Wirtschaftsleben des Stadtstaates. Nahezu fünfzig Sprechbühnen mit geregeltem Repertoire (davon etwa fünfzehn „staatliche"), drei „klassi-

▽ *Theater des Westens*

sche“ Opernhäuser (und zudem die Neuköllner Oper als Experimentierfeld für hoch begabten Nachwuchs), neun Orchester (sie präsentieren sich vornehmlich in der **Philharmonie**, im **Kammermusiksaal** und im **Konzerthaus** am Gendarmenmarkt), vier professionelle Chöre prägen die Szene. Und angesichts der heute auftauchenden und übermorgen wieder verschwundenen Kleinkunst-Kabinette, der Off-Szene-Behausungen, der Experimental-Tempel und der Comedy- und Kabarett-Adressen ist es unmöglich, alles und jedes zu sehen und zu beurteilen. Diese Lust an der Kunst des Spiels, der Hang zum Verstellen, Verkleiden, Verbergen, Verhöhnen hat Tradition. Das erste Stück, ein frommes Epos, wurde 1541 gespielt. Hans Schuch, ein Hanswurst aus Wien, begründete die deftige Unterhaltung für die Masse. Die Liberalen und Gebildeten goutierten den Charme der französischen „Compagnien“, bei denen auch die eine oder andere Kokotte ihre Haushaltskasse aufbesserte. Aber die „Große Kunst“ brachte Friedrich der Große seinen Untertanen. Er erbaute 1741–1743 die **Staatsoper Unter den Linden**. Sein Leitwort FRIDERICVS REX APOLLINI ET MVSIS (König Friedrich für Apoll

▽ *Kammermusiksaal*

Philharmonie ▽

Maxim-Gorki-Theater ▽

△ *Schauspielhaus (heute Konzerthaus) und Französischer Dom*

Konzert im ehem. Schauspielhaus (heute Konzerthaus) ▽

und Musen) über den sechs Säulen der Fassade Unter den Linden blieb verpflichtend. Die **Komische Oper** in der Behrenstraße (an dieser Stelle hatten in einem Vorgängerbau 1767 Lessings erstes deutsches Lustspiel „Minna von Barnhelm" und 1774 Goethes „Goetz von Berlichingen" Premiere) und die **Deutsche Oper** in der Bismarckstraße sind dem preußischen Ur-Haus auf Dauer Ansporn, Widersacher, Vorbild und Mitstreiter in einem. Jeder Musiker, jeder Solist, alle im Team kämpfen um Höchstleistungen in ihrem Dienst an den Musen. Das gilt uneingeschränkt für die Mitglieder vom **Berliner Philharmonischen Orchester**. Sie wurden seit 1887 unter wahrhaft Großen wie von Bülow, Nikisch, Furtwängler, von Karajan, Abbado und Rattle (Stabübernahme Herbst 2002) zu einem Solitär der E-Musik. Die Theaterlandschaft ist auf bestem Weg, an die Goldenen Tage der zwanziger Jahre anzuschließen. Das **Berliner Ensemble**, das **Deutsche Theater** mit seinen assoziierten **Kammerspielen**, die **Schaubühne am Lehniner Platz**, die **Volksbühne** am Rosa-Luxemburg-Platz, das **Maxim-Gorki-Theater**, das **Schlosspark-Theater** und das **Renaissance-Theater**, die **Tribüne** und die

Staatsoper Unter den Linden ▽

Vaganten dienen mit ihren Spielplänen sowohl der klug aufbereiteten Klassik als auch der avantgardistischen Moderne. Die **Komödie** und das **Theater am Kurfürstendamm** gelten seit Jahrzehnten als Berliner Mekka des Boulevard und holen einerseits das pointierte Repertoire an witzig-hintersinnigen Burlesken auf die Rampe, genieren sich aber auch nicht vor Deftigem mit Charme. Das **Hebbel-Theater** fühlt sich der zeitgenössischen Tanzszene zugetan. Hinterhofschwänke sind Sache vom **Hansa-Theater**. Kabarett bieten die **Stachelschweine**, die **Distel** und für Gastkünstler das neue Domizil der **Wühlmäuse**. Das **Gripstheater** lockt sehr Junge und klug Junggebliebene mit zeitkritischen Stoffen vom Einerlei des Dauerfernsehens weg. Laut und eher poppig präsentieren sich das **Musical Theater** am Potsdamer Platz und das **Theater des Westens**. Einen Abstecher wert ist allemal die etwas abseitig der City gelegene **Neuköllner Oper**, an der die Talente von morgen mit dem stürmischen Elan der Jugend Glanzleistungen en suite präsentieren – mit unvergesslichen Stimmen. Als erste Adresse der Avantgarde-Bühnen hält sich das **Theater zum westlichen Stadthirschen**.

▽ *Friedrichstadtpalast*

▽ *Musical-Theater in der „Daimler-City“ am Potsdamer Platz*

Neue Synagoge

Mitte, Oranienburger Straße 30

3 200 Menschen fasste die Neue Synagoge an der Oranienburger Straße. Sie war als Zentrum des Gemeindegeschehens in ganz Berlin (mit 160 000 jüdischen Mitbürgern) Hauptsynagoge. Baubeginn 1859; Vollendung durch Friedrich A. Stüler. In der „Kristallnacht" vom 9. November 1938 brannte das Gebäude, 1943 wurde der Torso durch Bomben zerstört. Seit 1995 überstrahlt die maurische Goldkuppel (sie ist öffentlich begehbar) weithin sichtbar das Scheunenviertel. Im Foyer eine Dokumentation jüdischen Lebens.

Scheunenviertel

Mitte

Die Feuerschutzverordnung von 1672 verbot das Lagern von Brennbarem wie Baumaterial, Heu und Stroh innerhalb der Stadtmauer. Nach und nach wuchsen hinter dem Oranienburger Tor 27 Scheunen. Ab 1720 hieß die Gegend Spandauer Vorstadt und wurde dicht besiedelt. Der Kiez galt als Schmelztiegel der Armut. Vor allem zuziehende Ostjuden, nach Pogromen in Russland und Polen auf der verzweifelten Suche nach billigen Quartieren, prägten diese Straßen, in denen ein Ghetto entstand.

Neue Synagoge ▽

Hackesche Höfe · Hackescher Markt

Mitte, Rosenthaler Straße 40/41

Die Lage dieses Stadtquartiers an den Schnittlinien zwischen Alexanderplatz, Oranienburger Tor, Spandauer Vorstadt und dem stark jüdisch beeinflussten Umfeld des Scheunenviertels machte die Rosenthaler Straße schon vor 125 Jahren zu einem rastlosen und quirligen Handelsplatz. Einer Idee des in Vergessenheit geratenen Wiener Stadtplaners und Sozialforschers Dr. Martin A. Hetzenauer folgend, wurde im Einflussbereich des Stadtbahnhofs Börse (heute Hackescher Markt) das von Hetzenauer Projektierte in die Tat umgesetzt. Über mehrere und große, helle Hinterhöfe verteilt wurden Arbeit, Wohnen und Freizeit eine Symbiose: Kneipen an den Straßenfronten, bezahlbare Wohnungen und Raum für Kleingewerbe und Manufakturen. Die Hackeschen Höfe waren die weitläufigsten. Von Bombenschäden verschont, blieb viel an unverfälschter Substanz erhalten. Die Renovierung nach der Wende und die Konzeption eines Kultur-, Design- und Aktionsforums mit Kinos, Kabarett erwies sich als Glücksgriff. Modeschöpfer, Weinhändler, Werbegestalter und Trödler, Galeristen verteilen sich über die acht Höfe.

▽ *Hackescher Markt – Hackesche Höfe*

▽ *Hackesche Höfe*

Nikolaiviertel
Ephraim-Palais · Nikolaikirche
Mitte

Die Mischung macht's: Das **Ephraim-Palais** (Lessing wohnte dort von 1752 bis 1755), Kneipen wie Gerichtslaube, Zur Rippe, Paddenwirt, das frühklassizistische Bürgerhaus der wohlhabenden Sippe Knoblauch und der rekonstruierte „Nussbaum" (in dessen Original auf der Fischerinsel Vater Zille zeichnete und zechte) prägen rund um die fast tausend Jahre alte **Nikolaikirche** einen aus der Betonmischer-Retorte gezauberten Umkreis. Errichtet von Ost-Berlins Magistrat 1987 zum Vorzeigen plan- und termingerecht zur 750-Jahrfeier. 800 Wohnungen, die mal hochbegehrt gewesen sind (auch DDR-Geheimdienst-Boss Markus Wolf wohnt dort), schufen tatsächlich Urbanität. Nach der Wende kamen Magerjahre für die Läden reihum. Aber weil alles autofrei ganz zentral liegt, kommt's fröhliche Volk sonntags, sonnt und säuft sich einen ... Im Knoblauch-Haus befinden sich ein fast schon schrullig-betuliches Heimatmuseum und eine Weinstube, die bezahl- und trinkbare Kreszenzen offeriert. Dazu Kerzenschein-Romantik!

Nikolaiviertel ▽

Alexanderplatz

Mitte

Ein Stück Stadt der ganz besonderen Berliner Art. Laut, riesig, unproportioniert, geliebt, gehasst. Aber spätestens seit der Antiheld Franz Biberkopf, erdacht von dem Armenarzt Alfred Döblin, hier sein literarisches Leben fristet, ist der „Alex“ in aller Munde. Es war ein Viehmarkt, vor der Stadtumzäunung. Der Staatsbesuch von Zar Alexander gab ihm seinen Namen. Erst als der Bahnhofsneubau wuchs und um 1930 U- und S-Bahn sich auf fünf Ebenen verzahnten, wurde dieser Knotenpunkt zum wichtigen Kern im Netz. Zwei bedeutende Bauten aus dem Bauhaus-Umfeld: Die um 1929 gebauten Häuser Alexander und Berolina von P. Behrens, dem wichtigsten deutschen Industrie-Architekten, bleiben trotz derzeitiger Öde sehenswert. Ebenso das gewaltige Wandgemälde am einstigen „Haus des Lehrers“ von Walter Womacka, deutlich angelehnt an den Mexikaner Diego Rivera. Wer es wissen mag. Der Brunnen neben der restaurierten Weltzeituhr heißt im Volke „Nuttenbrosche“ und war schon zu DDR-Zeiten Treffpunkt von Aufmüpfigen und Nonkonformisten .

▽ *Rotes Rathaus*

Rotes Rathaus

Mitte, Rathausstraße/Spandauer Straße

Der Amtssitz des Regierenden Bürgermeisters, der nach dem Exodus aus dem weltberühmten Schöneberger Rathaus am 3. Oktober 1991 hier seine Tätigkeit für ganz Berlin aufnahm. Den Terminus Rot verdankt das hundert mal hundert Meter große und hundert Meter hohe (Turmspitze mit Flaggenmast) Gebäude, entworfen 1859 von Hermann F. Waesemann, dem typischen Baumaterial: Ziegelgestein aus dem Umland, einem märkischen Nest namens Wassersuppe. Es ist zur Besichtigung freigegeben.

Marienkirche

Mitte, Karl-Liebknechtstraße 8

Erstmalig schon 1294 erwähnt, zunächst als einschiffiges Bauwerk aus Feldsteinen errichtet. Das Gotteshaus war Zentrum der Neustadt, die abseits der Furt zwischen Cölln und Berlin über die Spree lag. Nach Bränden seit 1420 erneuert und auf drei Schiffe vergrößert; Der „Totentanz“ als zwei Meter hoher Wandfries auf 22 Meter Länge in der nördlichen Turmhalle ist, 1485 begonnen, einer der ältesten Kunstschätze Berlins. Auf der Silbermannorgel musizierte auch Bach.

Alexanderplatz ▽

Marienkirche ▽

Olympiastadion

Charlottenburg-Wilmersdorf, Olympischer Platz

Fast eine viertel Milliarde Euro verschlingt der Umbau des Olympiastadions, das für die Sommerspiele von 1936 vollendet wurde. Der Bau war marode geworden und wird Schauplatz des WM-Finales von 2006. Das Gelände um das Reichssportfeld ist die großzügigst konzipierte Sportarena in Europa. Sie umfasst das Maifeld, Sporthallen und Hockeyfelder, das Schwimmstadion, die Waldbühne (für Rockkonzerte und Klassik) und den Glockenturm, mit einer der schönsten Rundumsichten (Fahrstuhl!).

Funkturm

Charlottenburg-Wilmersdorf, Messedamm 11

Der Lange Lulatsch: Die Berliner lieben ihn und atmen tief durch, wenn sie nach langer Abwesenheit auf der **AVUS** ihr Wahrzeichen wieder sehen. Abends festlich illuminiert, ist er Sichtpunkt von vielen Orten; gebaut 1925 von H. Straumer zur 3. Funkausstellung. Eine Gitterkonstruktion aus Stahl, rund 150 Meter hoch. Von hier aus wurden 1931 die ersten TV-Bilder versuchsweise ausgestrahlt. Das Restaurant mit seiner edlen Täfelung ist liebenswert angestaubt und immer noch sehenswert.

▽ *Funkturm und Messehalle*

ICC und Messegelände

Charlottenburg-Wilmersdorf

An Stelle der Kongresshalle im Bezirk Tiergarten, die sich bald als zu klein erwies, wuchs zwischen 1973 und 1979 damals der teuerste und futuristischste Bau von West-Berlin, das anfangs höchst umstrittene ICC. Das wuchtigste Gebäude der Stadt: 320 Meter lang, 80 Meter breit und mit einem Volumen von 800 000 Kubikmetern in der Lage, 20 000 Menschen zu fassen. Heute ist auch dieses Kongressforum bei vielen Anlässen schon wieder zu klein. Erweiterungen sind in der Diskussion.

Haus der Kulturen der Welt

Mitte, John-Foster-Dulles-Allee

Als Kongresshalle 1957 anlässlich der Interbau errichtet. Eine Spende der USA, der amerikanische Architekt H. Stubbins galt als Pionier des kühnen Betonbaus. Die „Schwangere Auster" wurde beliebt, war aber falsch berechnet! 1980 stürzte das Dach in die Tiefe; mehrere Tote. Wieder eröffnet 1987 und seither ein Präsentationsforum für Künstler aus Schwellenländern und der Dritten Welt. Die gewaltige Moore-Plastik neben der Freitreppe ist eines der bedeutendsten Kunstwerke der Moderne in Berlin.

ICC und Messe · Funkturm ▽

Haus der Kulturen der Welt (ehem. Kongresshalle) ▽

Zoologischer Garten

Charlottenburg-Wilmersdorf, Hardenbergplatz 8

Deutschlands erster Zoologischer Garten entstand 1844. Die Sammlung exotischer Kreaturen, die auf der Pfaueninsel gelebt hatten, zog auf Geheiß von König Friedrich Wilhelm IV. zu ihrem heutigen Standort um. Der Berliner Zoo in der Stadtmitte ist der artenreichste der Welt – mit nahezu 16 000 Tieren. 1955 wurde zudem aufgrund der Stadtteilung am Schloss Friedrichsfelde ein Tierpark eröffnet. Mit der Weitläufigkeit der Gehege hat es den Anschein, als lebten die etwa 5000 Tiere in freier Wildbahn.

Botanischer Garten

Steglitz-Zehlendorf, Unter den Eichen 5–10

Der erste botanische Garten lag am Berliner Schloss, dort wo sich heute der Lustgarten westlich des Doms befindet, der Zweite entstand am Kleistpark. Der Botanische Garten in Dahlem mit seinem mächtigen Palmenhaus ist also das dritte Domizil für Exotisches aus der bunten Welt der Flora. Manches gedieh aus Samen, die vor 250 Jahren von Alexander von Humboldt nach Berlin geholt worden waren. Heute sind Workshops und Vernissagen innerhalb der Anlage ein Magnet für Berliner und Gäste.

▽ *Zoo, Elefantentor*

▽ *Botanischer Garten*

Flughäfen

Ein Dauerthema für Politik und Planung. Der traditionsreiche Flughafen von **Tempelhof**, zentral gelegen und nicht ausgelastet, soll geschlossen werden. Und auch **Tegel**, längst am Rande der Kapazität, ist Umweltwächtern ein Dorn im Auge. Aber die Rolle, die der Berlin-Brandenburgische Großflughafen **Schönefeld** eines Tages spielen soll, steht sowohl auf dem Papieren als auch in den Sternen. Optimisten sehen einen Baubeginn für den neuen Mega-Airport frühestens 2009, Pessimisten zehn Jahre später...

Seen und Ausflugsziele

„Een Vajnüjen janz besondra Art is und bleibt ne Dampfafahrt". Ein Satz, leicht zu übersetzen und Inbegriff von Lebensfreude und Freizeitqualität für die Berliner, ob arm oder reich, jung oder betagter. Natürlich sind die Dampfer längst nicht mehr von Dampf getrieben. Aber mit Booten aller Größe und Form über **Havel**, **Spree**, **Wannsee** und **Müggelsee** zu tuckern, in die Sonne zu schauen, Möwen zu füttern und Mollen zu kippen, ist ein wichtiges und gut gehütetes Stück Freizeit- und Lebensqualität.

Flughafen Tegel ▽

Flughafen Schönefeld ▽

Pfaueninsel · Lustschloss

Steglitz-Zehlendorf, Pfaueninsel in der Havel

Johannis Kunckel aus Rendsburg war Ende des 17. Jhd. als Alchimist an den Hof des Großen Kurfürsten geholt worden. Er versprach, künstlich Gold herzustellen. Damit dies strikt geheim bliebe, wurde der Nachfahr einer böhmischen Glasmacherfamilie auf „Kaninchenwerder“ vor Potsdam verbannt, um dort zu experimentieren. Statt des Edelmetalls aber erfand er 1677 zufällig die Produktionsmethode für rubinrotes Glas, das seither Kunckelglas heißt. Seine Hütten verfielen. Erst die Liaison zwischen König Friedrich Wilhelm II. und Wilhelmine Encke war Ursache, dass das Eiland in der Havel bebaut wurde. Hofzimmermeister Johann G. Brendel errichtete 1795 ein als Ruine getarntes Lustschloss mit freiem Blick auf Potsdam. Der Sohn des Königs, Friedrich Wilhelm III., und Gemahlin Luise verbrachten dort die Sommermonate und nisteten Pfauen ein, die der Insel den Namen gaben. Das Schloss und die kleine (rekonstruierte) Meierei am Nordufer sind zu besichtigen. Auf der anderen Havelseite liegt eine der schönsten Kirchen Brandenburgs: die Heilandkirche von Sakrow.

▽ *Wannsee*

▽ *Pfaueninsel, Lustschloss*

Berlin
historisch

Die Mauer
1961–1989

Grenzübergänge
West-/Ost-Berlin

1 Bornholmer Straße
2 Chausseestraße
3 Invalidenstraße
4 Friedrichstraße
Checkpoint Charlie
5 Heinrich-Heine-Str.
6 Oberbaumbrücke
7 Sonnenallee

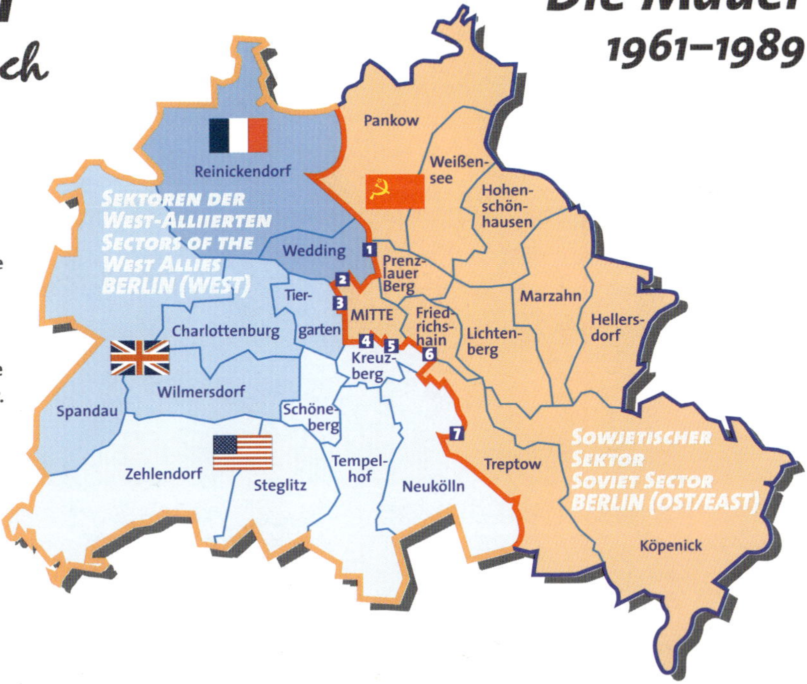

TIERGARTEN
Hansa-viertel
Moabiter Werder
Tiergarten
SCHÖNE-
Spree
Landwehrkanal
Neuer See
Alt-Moabit
Turmstr.
Invalidenstr.
Washingtonplatz
Kanzlergarten
Haus der Kulturen der Welt
John-Foster-Dulles-Allee
Schloß Bellevue
Schloßpark Bellevue
Bellevue
Hansapl.
Großer Stern
Siegessäule
Str. des 17. Juni
Tiergarten
Ernst-Reuter-Pl.
Technische Universität
Zoologischer Garten
Hardenbergplatz
Budapester Str.
Breitscheidplatz
Kurfürstendamm
Tauentzienstr.
KaDeWe
Wittenbergpl.
Kurfürstend.
Uhlandstr.
Savignypl.
Kantstr.
Augsburger Str.
Lietzenburger Str.
Nollendorfpl.
Nollendorfplatz
Bülowstr.
Kurfürstenstr.
Potsdamer Str.
Kleistpark
Yorckstr. (Großgörschenstr.)
Viktoria-Luise-Pl.
Bayerischer Pl.
Berliner Str.
Blissestr.
Hohenzollernpl.
Güntzelstr.
Spichernstr.
Eisenacher Str.
Rath. Schöneberg
Rudolph-Wilde-Park
Volkspark
Heinrich-Lassen-Park
Kaiser-Wilhelm-Platz
Hauptstr.
Martin-Luther-Str.
Grunewaldstr.
Hohenstaufenstr.
Pallasstr.
Goebenstr.
Bundesallee
Uhlandstr.
Hohenzollerndamm
Hardenbergstr.
Tiergartenstr.
Von-der-Heydt-Str.
Reichpietschufer
Lützowufer
Lützowplatz
Kulturforum
Matthäikirchpl.
Rousseauinsel
Luiseninsel
Schleuseninsel
Levetzowstr.
Helmholtzstr.
Franklinstr.
Dovestr.
Flensburger Str.
Altonaer Str.
Bachstr.
Klopstockstr.
Händelallee
Spreeweg
Bremer Weg
Großer Weg
Fasanenstr.
Joachimstaler Str.
Leuthener Str.
Torgauer Str.

MITTE
KREUZ-
BERG
Oranienburger Tor
Oranienburger Str.
Hackescher Markt
Alexanderpl.
Karl-Marx-Allee
Schillingstr.
Jannowitzbr.
Holzmarktstr.
Märkisches Museum
Heinrich-Heine-Str.
Spittelmarkt
Stadtmitte
Französische Str.
Unter den Linden
Friedrichstr.
Potsdamer Platz
Mohrenstr.
Leipziger Str.
Kochstr.
Anhalter Bhf.
Möckernbrücke
Hallesches Tor
Mehringdamm
Gneisenaustr.
Prinzenstr.
Kottbusser Tor
Görlitz
Moritzpl.
Südstern
Hermannpl.
Platz d. Luftbrücke
Viktoriapark
Volkspark Hasenheide
Rixdorfer Höhe
Rixdorfer Teich
Landwehrkanal
Urbanhafen
Sommerbad Kreuzberg (Prinzenbad)
Am Berlin Museum
Jüd. Museum ab 10. 2000
Deutsches Technikmuseum Berlin
Martin-Gropius-Bau
Berliner Dom
Museumsinsel
Schloßplatz
Gendarmenmarkt
Nikolaiviertel
Fischerinsel
Waldeckpark
Otto-Suhr-Siedlung
Mariannenplatz
Heinrichpl.
Oranienpl.
Marheinekeplatz
Chamissopl.
Columbiadamm
Flughafen
Yorckstr.
Gitschiner Str.
Skalitzer Str.
Kottbusser Damm
Urbanstr.
Hasenheide
Blücherstr.
Zossener Str.
Stresemannstr.
Wilhelmstr.
Lindenstr.
Alte Jakobstr.
Oranienstr.
Kommandantenstr.
Michaelkirchpl.
Alexanderstr.
Stralauer Str.
Mühlendamm
Spandauer Str.
Rosenthaler Str.
Torstr.
A
B
C
D
E
F
G

Informationen · Adressen

▷ VORWAHL VON BERLIN
+049-(0)30

▷ INFORMATIONEN

Tourist Info Center, Europa-Center, Eingang Budapester Straße 45
Mo–Sa 8.30–20.30 Uhr,
So 10-18.30 Uhr

Tourist Info Center,
Brandenburger Tor, Südflügel,
tgl. 9.30–18 Uhr

Berlin Tourismus Marketing GmbH
Am Karlsbad 11, 10785 Berlin
Tel. Reservierung +049-(0)30-25 00 25
Tel. Information 0190-75 40 40
Auslandsanrufe +49-18 05-75 40 40
Berlin im Internet: www.berlin.de

▷ FLUGHÄFEN, BAHN UND NAHVERKEHR

Flughafen Tegel
Flughafen Tempelhof
Flughafen Schönefeld
Sammel-Tel. 01805-00 01 86

Deutsche Bahn AG, Tel. 297-0,
Reiseauskunft 1 94 19, tgl. 6–23 Uhr,
Reiseauskunft 0180-5 99 66 33, 24 Std.

Berliner Verkehrsbetriebe (BVG)
Tel. 1 94 49

▷ STADTRUNDFAHRTEN

BVG Top Tour, Tel. 25 62 47 40
BVB, Tel. 885 98 80
Tempelhofer Reisen, Tel. 5724056
Severin und Kühn, Tel. 880 41 90

Berolina Sightseeing
Tel. 88 56 80 30, Fax 882 41 28

Stattreisen Berlin e.V.
Tel. 455 30 28

▷ MIETEN

Velo Taxi, Rikschas zu mieten
Saarbrücker Straße 20–21,
Tel. 44 35 89 90, 0172-328 88 88

Nouri Rikscha OHG
Wrangelstraße 23,
Tel. 402 36 85, 0177-23 55 47

▷ NOTRUFE

Feuerwehr/Notfall-Rettung,
112

Polizei/Notruf,
110

▷ PANNENHILFE

ACE-Autoclub Europa
Tel. 0 18 02-34 35 36

ADAC Berlin-Brandenburg
Tel. 0180-222 22 22

▷ FUNDBÜROS

Zentrales Fundbüro
Platz der Lufbrücke 6,
Tel. 69 65

BVG Fundbüro
Frauenhofer Straße 33–36,
Tel.25623040

▷ TAXIUNTERNEHMEN

Tel. 21 01 01, 26 10 26, 6 90 22,
44 33 22, 0800-222 22 55 kostenlose Taxibestellung

▷ SEHENSWÜRDIGKEITEN

Berliner Dom
Am Lustgarten,
Besucherdienst: Tel. 20 26 91 19
Konzertkasse: Tel. 20 26 91 36
tgl. 9–20 Uhr, auf Anfrage

Brandenburger Tor
Pariser Platz

Deutscher Dom
Am Gendarmenmarkt,
Tel. 202 26 90, (Di–So 10–18 Uhr)

Neue Synagoge Berlin
Centrum Judaicum,
Oranienburger Straße 28/30,
Tel. 28 40 12 50
So–Do 10–17.30 Uhr,
Fr 10–13.30 Uhr

Fernsehturm am Alexanderplatz
Panoramastraße 1a,
Tel. 242 33 33,
Telecafe 1.3.–31.10.: 10–1 Uhr,
1.11.–28.2.: 10–24 Uhr
Aussichtsetage
1.3.–31.10: 9–1 Uhr ;
1.11.–28.2.: 10–24 Uhr

Französischer Dom
Gendarmenmarkt 5,
Tel. 204 15 07, Di–Sa 12–17 Uhr,
So 11–17 Uhr, Aussichtsbalustrade:
tgl. 11–17 Uhr

Funkturm auf dem Messegelände
Hammarskjöldplatz,
Tel. 30 38-0
Plattform tgl. 10–22 Uhr
Restaurant tgl. 11.30–23 Uhr

Gedenkstätte Deutscher Widerstand, Stauffenbergstr. 13/14,
Tel. 26 99 50 00,
Mo–Mi, Fr. 9–18 Uhr,
Sa, So + Feiertage 10–18 Uhr

Gedenkstätte Plötzensee
Hüttigpfad,
Tel. 344 32 26
März bis Oktober 9–17 Uhr,
Nov. bis Feb. 9–16 Uhr

Haus der Wannseekonfernz –
Gedenk- und Bildungsstätte
Am Großen Wannsee 56–58,
Tel. 80 50 01-0
Mo–Fr 10–18 Uhr, Sa, So 14–18 Uhr

Neue Wache
Unter den Linden 4,

Nikolaikirche
Nikolaikirchplatz,
Tel. 242 44 67, Di–So 10–18 Uhr,
letzter Einlass 17.30 Uhr

Palais am Festungsgraben
Am Festungsgraben 1,
Tel. 238 41 45

Reichstagsgebäude
Platz der Republik,
Tel. 22 70, Kuppel tgl. 8–22 Uhr
Dachgartenrestaurant
Tel.: 226 29 90
Reservierung Tel.: 22 62 99 33

Rotes Rathaus
Rathausstr./Spandauer Str.,
Tel. 90 26-0, Mo–Fr 9–18 Uhr,
außer bei Veranstaltungen

Schloss Glienicke
Königstraße 36,
Tel. 805 30 41, Sa, So 10–17 Uhr

Siegessäule
Großer Stern/Straße des 17. Juni,
Tel. 391 29 61
April bis Okt. 9.30–18.30 Uhr,
Nov. bis März 9.30–17.30 Uhr

St.-Marien-Kirche Mitte
Karl-Liebknecht-Straße 8,
Tel. 242 44 67, Mo–Do 10–16 Uhr,
Sa, So 12–16 Uhr

Schloss und Landschaftsgarten Pfaueninsel, Pfaueninselchaussee,
Tel. 805 30 42
Mai bis August tgl. 8–20 Uhr,
sonst auf Anfrage

Topograghie des Terrors
Stresemannstraße 110,
Tel. 254 50 90
Mai bis Sep. 10–20 Uhr,
Okt.-April 10–18 Uhr
sonst auf Anfrage

Schloss Charlottenburg
Spandauer Damm,
Tel. 320 91-1
Di–Fr 9–17 Uhr, Sa, So 10–17 Uhr

Zitadelle Spandau
Am Juliusturm,
Tel. 354 94 40
Di–Fr 9–17 Uhr, Sa, So 10–17 Uhr

▷ MUSEEN

Museumsinsel
Pergamonmuseum, Altes Museum, Alte Nationalgalerie (bis 2001 wegen Generalsanierung geschlossen),
Bodemuseum (bis 2004 wegen Renovierung geschlossen)
Bodestraße,
Tel. 20 90 55 55, Di–So 10–18 Uhr,
Pergamonmuseum Do bis 22 Uhr

Ägyptisches Museum
Schlossstrasse,
gegenüber Schloss
Tel. 20 90 55 55, Di–So 10–18 Uhr

Bauhaus-Archiv
Klingelhöferstraße 14,
Tel. 25 40 02-0
Mi–Mo 10–17 Uhr

Bröhan-Museum
Schlossstraße 1a,
Tel. 32 69 06 00, Di–So 10–18 Uhr

Brücke-Museum
Bussardsteig 9,
Tel. 831 20 29, Mi–Mo 11–17 Uhr

Deutsches Historisches Museum
Unter den Linden 2,
Tel. 20 30 40

Deutsche Guggenheim Berlin
Unter den Linden 13–15,
Tel. 20 20 93-0, tgl. 11–20 Uhr

Deutsches Technikmuseum Berlin
Trebbiner Str. 9,
Tel. 25 48 40,
Di–Fr 9–17.30 Uhr,
Sa, So 10–18 Uhr
Ephraim-Palais, Poststr. 16
Tel. 24 00 20, Di–So 10–18 Uhr
Ethnologisches Museum (früher Museum für Völkerkunde)
Lansstraße,
Tel. 20 90 55 55, Di–Fr 10–18 Uhr,
Sa, So 11–18 Uhr
Filmmuseum Berlin
Deutsche Kinemathek
im Sony Center am Potsdamer Platz
Tel. 300 90 30,
Fax 30 09 03 13
Di–So 10–18 Uhr, Do 10–20 Uhr
Friedrichswerdersche Kirche
(Schinkelmuseum)
Werderscher Markt/Oberwallstraße,
Tel. 20 90 55 55
Di–So 10–18 Uhr
Galerie der Romantik
(im Schloss Charlottenburg-Ostflügel), Spandauer Damm,
Tel. 20 90 55 55
Di–Fr 10–18 Uhr,
Sa, So 11–18 Uhr
Gemäldegalerie
Matthäikirchplatz, Kulturforum,
Tel. 20 90 55 55
Di–So 10–18 Uhr, Do bis 22 Uhr
Hamburger Bahnhof
Invalidenstr. 50–51,
Tel. 20 90 55 55, Di–Fr 10–18 Uhr,
Sa, So 11–18 Uhr, Do bis 22 Uhr
Georg -Kolbe-Museum
Sensburger Allee 25,
Tel. 304 21 44, Di–So 10–17 Uhr
Haus am Checkpoint Charlie
Friedrichstr. 44,
Tel. 25 37 25-0, tgl. 9–22 Uhr
Käthe-Kollwitz-Museum
Fasanenstr. 24,
Tel. 882 52 10, Mi–Mo 11–18 Uhr
Kunstgewerbemuseum
Matthäikirchplatz, Kulturforum
Tel. 20 90 55 55
Di–Fr 10–18 Uhr,
Sa, So 11–18 Uhr
Kupferstichkabinett
Matthäikirchplatz, Kulturforum,
Tel. 20 90 55 55
Di–Fr 10–18 Uhr,
Sa, So 11–18 Uhr
Märkisches Museum
Am Köllnischen Park 5,
Tel. 30 86 60, Di–So 10–18 Uhr
Martin-Gropius-Bau
Niederkirchner Str. 7,
Tel. 25 48-0, Di–So 10–20 Uhr
Museum für Naturkunde
Invalidenstr. 43,
Tel. 20 93 85 40, Di–So 9.30–17 Uhr
Neue Nationalgalerie
Potsdamer Str., Kulturforum
Tel. 20 90 55 55
Di–Fr 10–18 Uhr,
Sa, So 11–18 Uhr, Do bis 22 Uhr
Sammlung Berggruen
Schlossstrasse,
Westlicher Stülerbau, gegenüber Schloss Charlottenburg
Tel. 20 90 55 55, Di–Fr 10–18 Uhr,
Sa, So 11–18 Uhr

▷ FLORA & FAUNA

Aquarium, Budapester Str. 32
Tel. 25 40 10
tgl. 9–18 Uhr
Botanischer Garten
Königin-Luise-Str. 6–8,
Tel. 830 06-0, tgl. ab 9 Uhr
Britzer Garten
Sangerhauser Weg 1,
Tel. 70 09 06-0, ab 9 Uhr bis zum Anbruch der Dunkelheit
Tierpark Friedrichsfelde
Am Tierpark 125,
Tel. 51 53 10, tgl. 9–18 Uhr
Zoologischer Garten Berlin AG
Hardenbergplatz 8/Budapester Str. 32,
Tel. 25 40 10
tgl. ab 9 Uhr

▷ OPER & KLASSIK

Deutsche Oper Berlin
Bismarckstr. 35
Komische Oper
Behrenstr. 55–57
Konzerthaus Berlin
(Schauspielhaus am Gendarmenmarkt), Gendarmenmarkt 2
Neuköllner Oper
Karl-Marx-Str. 131–133,
Tel. 68 89 07 77
Philharmonie
Herbert-von-Karajan-Str. 1
Staatsoper Unter den Linden
Unter den Linden 7,
Tel. 20 35 45 55

▷ THEATER

bat-Studiotheater
Belforter Str. 15,
Tel. 442 76 13
Berliner Ensemble
Bertolt-Brecht-Platz 1,
Tel. 282 31 60, 28 40 81-55/-50,
Deutsches Theater/Kammerspiele
Schumannstr. 13a/14
Grips Theater,
Altonaer Straße 45
Hebbel Theater
Stresemannstr. 29
Hansa-Theater
Alt-Moabit 48,
Tel. 391 44 60
Komödie & Theater am Kurfürstendamm
Kurfürstendamm 206 & 209
Tel. 47 99 74 40
Maxim Gorki Theater
Am Festungsgraben 2,
Tel. 20 22 11 29 + 20 22 11 15
Renaissance Theater
Hardenbergstr. 6
Schaubühne am Lehniner Platz
Kurfürstendamm 153,
Tel. 89 00 23
Schlosspark-Theater
Schlossstr. 48
Theater im Palais
Am Festungsgraben 1,
Tel. 201 06 93-95
Theater zum Westlichen Stadthirschen
Kreuzbergstraße 37, Tel. 785 70 33
Tribüne
Otto-Suhr-Allee 18, Tel. 341 26 00
Vaganten Bühne
Kantstr. 12a, Tel. 3124529
Volksbühne
Rosa-Luxemburg-Platz,
Tel. 247 67 72

▷ MUSICAL, VARIETÉ, KABARETT

Bar jeder Vernunft
Schaperstr. 24
BKA
Mehringdamm 34,
Tel. 251 01 12
Chamäleon Varieté
Rosenthaler Str. 40/41,
Tel. 282 71 18 + 238 57 69
Chez Nous
Marburger Str. 14,
Tel. 213 18 10
Estrel Festival Center
Sonnenallee 225
Friedrichstadtpalast
Friedrichstr. 107
Grüner Salon
in der Volksbühne
Rosa-Luxemburg-Platz
Tel. 24 06 58 07
Kabarett „Die Distel"
Friedrichstr. 101
Kabarett „Die Stachelschweine"
Tauentzienstr. 9–12,
Tel. 261 47 95
La Vie en Rose
Flughafen Tempelhof,
Tel. 69 51 30 00
Musical Theater Berlin
Marlene-Dietrich-Platz 1,
Scheinbar-Varieté
Monumentenstr. 9,
Tel. 7 84 55 39
Theater des Westens
Kantstr. 12,
Die Wühlmäuse am Theo
Pommernallee 1/Ecke Heerstr.
Theater der Freien Volksbühne
Schaperstr. 24,
Tel. 88 42 08 84
Wintergarten – Das Varieté
Potsdamer Str. 96

S+U-Bahn-Netz

Tarifbereich Berlin A B C — A B Bahnhöfe in Berlin — C Bahnhöfe in Brandenburg

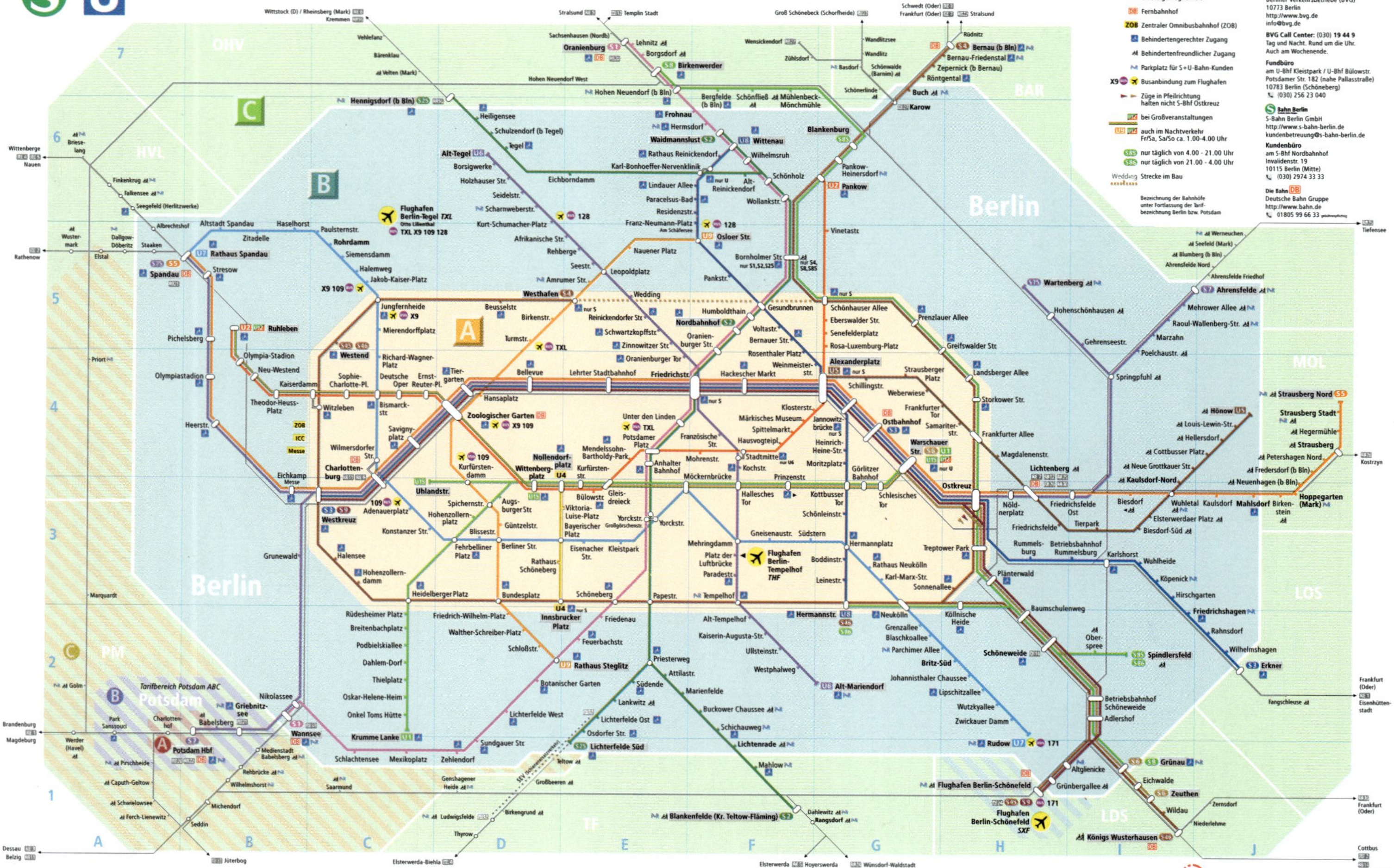

Legende

- S+U-Bahn-Linie mit Umsteigemöglichkeit
- DB Fernbahnhof
- ZOB Zentraler Omnibusbahnhof (ZOB)
- Behindertengerechter Zugang
- Behindertenfreundlicher Zugang
- P+R Parkplatz für S+U-Bahn-Kunden
- X9 Busanbindung zum Flughafen
- Züge in Pfeilrichtung halten nicht S-Bhf Ostkreuz
- bei Großveranstaltungen
- auch im Nachtverkehr Fr/Sa, Sa/So ca. 1.00-4.00 Uhr
- S85 nur täglich von 4.00 - 21.00 Uhr
- S86 nur täglich von 21.00 - 4.00 Uhr
- Wedding Strecke im Bau

Bezeichnung der Bahnhöfe unter Fortlassung der Tarifbezeichnung Berlin bzw. Potsdam

Service

BVG
Berliner Verkehrsbetriebe (BVG)
10773 Berlin
http://www.bvg.de
info@bvg.de

BVG Call Center: (030) 19 44 9
Tag und Nacht. Rund um die Uhr. Auch am Wochenende.

Fundbüro
am U-Bhf Kleistpark / U-Bhf Bülowstr.
Potsdamer Str. 182 (nahe Pallasstraße)
10783 Berlin (Schöneberg)
(030) 256 23 040

S-Bahn Berlin
S-Bahn Berlin GmbH
http://www.s-bahn-berlin.de
kundenbetreuung@s-bahn-berlin.de

Kundenbüro
am S-Bhf Nordbahnhof
Invalidenstr. 19
10115 Berlin (Mitte)
(030) 2974 33 33

Die Bahn DB
Deutsche Bahn Gruppe
http://www.bahn.de
01805 99 66 33

S-Bahn

- S1 Wannsee DB ↔ Oranienburg DB
- S2 Blankenfelde ↔ Nordbahnhof (↔ Waidmannslust)
- S25 Lichterfelde Süd ↔ Hennigsdorf (b Berlin)
- S3 Erkner ↔ Westkreuz (↔ Ostbahnhof DB)
- S4 Westhafen ↔ Bernau DB (b Berlin)
- S45 Flughafen Berlin-Schönefeld DB ↔ Westend
- S46 Königs Wusterhausen DB ↔ Hermannstraße (↔ Westend)
- S5 Strausberg Nord ↔ Spandau DB
- S6 (Zeuthen ↔) Grünau ↔ Warschauer Straße
- S7 Ahrensfelde ↔ Potsdam Hbf DB
- S75 Wartenberg ↔ Spandau DB
- S8 Grünau ↔ Birkenwerder
- S85 Spindlersfeld ↔ Blankenburg
- S86 Spindlersfeld ↔ Hermannstraße
- S9 Flughafen Berlin-Schönefeld DB ↔ Westkreuz

U-Bahn

- U1 Krumme Lanke ↔ Warschauer Straße
- U15 Uhlandstraße ↔ Wittenbergplatz (↔ Warschauer Straße)
- U2 Ruhleben ↔ Warschauer Straße
- U2 Ruhleben ↔ Pankow
- U4 Nollendorfplatz ↔ Innsbrucker Platz
- U5 Alexanderplatz ↔ Hönow
- U6 Alt-Tegel ↔ Alt-Mariendorf
- U7 Rathaus Spandau ↔ Rudow
- U8 Wittenau ↔ Hermannstraße
- U9 Rathaus Steglitz ↔ Osloer Straße

Stand: 30. Januar 2001

BVG Call Center: (030) 19 44 9
Tag und Nacht. Rund um die Uhr.

Partner im VBB

BVG Berliner Verkehrsbetriebe

S-Bahn Berlin

POTSDAM
Forst Potsdam
Berliner Vorstadt
Jäger-Vorstadt
Brandenburger Vorstadt
Zentrum Ost
Potsdam West
Tornow
Hermanns-
Teltower
Babelsberg
Park Sanssouci
Tiefer See
Heiliger See
Havel
Glienicker Brücke
Potsdam Stadt
S Potsdam Stadt DB/ Babelsberger Str.
Bhf Charlottenhof
Wildpark
Schloß Charlottenhof
Schloß Sanssouci
Neues Palais
Orangerie
Historische Mühle
Ruinenberg
Bornstedter See
Bornstedter Friedhof
Drachenberg Belvedere
Chin. Haus
Römische Bäder
Nikolaik.
Altes Rathaus
Hans-Otto-Theater
Landtag
Kapellenberg
Flatowturm
Kleines Schloß
Neustädter Havelbucht
Dampfmaschinenhaus
Lange Brücke
Humboldtring
Nuthestr.
Friedrich-Engels-Str.
Heinrich-Mann-Allee
Breite Str.
Zeppelinstr.
Geschw.-Scholl-Str.
Maulbeerallee
Pappelallee
Potsdamer Str.
Amundsenstr.
Berliner Str.
Kurfürstenstr.
Hegelallee
Charlottenstr.
Brandenburger Str.
Dortustr.
Friedr.-Ebert-Str.
Voltaireweg
Alleestr.
Am Neuen Garten
Am Kanal
Leipziger Str.
Templiner Str.
Am Neuen Palais
Lindenavenue
© StadtINFO Verlag

Potsdam · Schloss und Park Sanssouci

Schopenhauerstraße/Zur historischen Mühle

König Friedrich II. hatte schon in jungen Jahren Pläne gehegt, Berlin als Residenzstadt den Rücken zu kehren und nahe von Potsdam auf einer „vigne“, einer Art Winzerhäuschen, zu residieren. Der Philosoph Voltaire mag Urheber solcher Gedanken gewesen sein. Der Monarch selbst entwarf erste Skizzen, an Hand derer er seinen Baumeister Georg W. von Knobelsdorff beauftragte, Pläne zu zeichnen. Der Name Sanssouci stammt ebenfalls von Knobelsdorff; der hatte als Jugendlicher im Haus der Familie von Manteuffel verkehrt, deren Gut den Namen „Kummerfrei“ trug. So geriet die freie Übersetzung zu „sans souci“ (ohne Sorgen). Nach Auseinandersetzungen zwischen dem königlichen Auftraggeber und dem Architekten fiel Knobelsdorff in Ungnade. Der Niederländer Johann Boumann vollendete das trotz seiner beträchtlichen Ausmaße fragil erscheinende Ensemble um 1748. Dabei blieb die Terrasse über den künstlich angelegten Weinbergen der dominante Faktor des weltberühmten Schlosshügels. Nach der Fertigstellung holte Friedrich der Große nach den Hungerjahren des Sieben-

▽ *Schloss Sanssouci mit Terrassen und „Parterre“, bepflanzt mit Resedawein*

jährigen Krieges bedeutende Denker, Staatsmänner, Aufklärer (und sogar den venezianischen Lebemann Giacomo Casanova) in seinen Zirkel. Der kunstsinnige Monarch erwies sich dabei auch als ein herausragender Flötenspieler. Seine Hunde, flinke Windspiele, gehörten stets dazu. „Weiber und Pfaffen" (so der Landesvater) aber hatten hier nichts verloren. Am Ende der Hauptallee im Schlosspark baute Friedrich II. von 1763 bis 1769 das **Neue Palais** mit 300 Räumen. Er tat dies vor allem, um der nach den drei Kriegen um Schlesien niederliegenden Bauwirtschaft Aufträge zuzuschanzen und Arbeitsplätze für hochqualifizierte Handwerker zu schaffen. Auch die Nachfolger des Alten Fritz (wie beispielsweise der musische und italophile Friedrich Wilhelm IV.) gliederte dem **Park** von Sanssouci immer wieder bedeutende Teile an und schufen auf einem Areal von annähernd 300 Hektar eines der schönsten Schloss- und Parkensembles in Europa. Hier starb Friedrich II. am 17.8.1786; seit dem 18.8.1991 ist er dort (wie er es in seinem Testament gefordert hatte) auch beigesetzt. Unter einer schlichten Steinplatte, umgeben von seinen Lieblingshunden.

△ *Sanssouci, Orangerie*

▽ *Schloss Sanssouci, Konzertzimmer Friedrichs II.*

△ *Sanssouci, Neues Palais*

▽ *Sanssouci, Chinesisches Teehaus (1754–1757)*

Potsdam · Schloss Cecilienhof

Am Neuen Garten

Am Ufer des Heiligen Sees ließ sich Kronprinz Wilhelm, Sohn von Wilhelm II., zwischen 1914 und 1917 ein modernes Herrenhaus bauen; im englischen Landhausstil, mit einer zweigeschossigen Halle und einer Umluftklimaanlage! Zwar vertrieb ihn die Revolution von 1918 für kurze Zeit, dann aber residierte er bis 1944 in dem Fachwerkgemäuer mit der berühmten „Danziger Zunfttreppe". Im Sommer 1945 tagten hier die Grossen Drei anlässlich der Potsdamer Konferenz.

Potsdam · Babelsberg

Park Babelsberg

Die Schlossanlage von Babelsberg, dem damals „modernen" Tudorstil nachempfunden, stammt als Plagiat von Windsor Castle aus den Entwürfen von Preußens Staatsbaumeister Carl F. Schinkel. Nahe der Havel wurde 1835 der erste Flügel fertig. Der spätere Kaiser Wilhelm I. schätzte bis ins hohe Alter das Wohnen in Kühle und Düsternis, fern von Berlin. Babelsberg ist heute aber wegen seines modernen Medienzentrums auf dem einstigen Ufa-Gelände als Filmstadt bedeutend.

▽ Schloss Cecilienhof im Neuen Garten